DEUX MOIS

DE LA VIE POLITIQUE

DE

M. DE POLIGNAC

ET DES SIENS,

PETITES ESQUISSES CONTEMPORAINES POUR SERVIR D'ANTIDOTE AUX FOLIES-COTTU, BENABEN, MADROLLE, ETC., ET DE PRÉPARATION A DE PLUS GRANDS TABLEAUX ;

Par Alexandre Bret de Lyon.

Qui a bu boira.

PARIS,

CHEZ BARBA, LIBRAIRE-ÉDITEUR, PALAIS ROYAL ;

ET LES MARCHANDS DE NOUVEAUTÉS.

1830

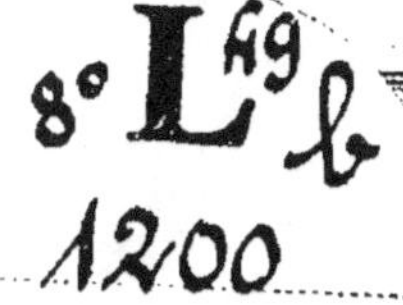

DEUX MOIS

DE LA VIE POLITIQUE

DE

M. DE POLIGNAC

ET DES SIENS.

IMPRIMERIE DE GOETSCHY, RUE LOUIS-LE-GRAND, N° 35.

DEUX MOIS

DE LA VIE POLITIQUE

DE

M. DE POLIGNAC

ET DES SIENS,

PETITES ESQUISSES CONTEMPORAINES POUR SERVIR D'ANTIDOTE AUX FOLIES-COTTU, BENABEN, MADROLLE, ETC., ET DE PRÉPARATION A DE PLUS GRANDS TABLEAUX ;

Par Alexandre Bret de Lyon.

Qui a bu boira,

PARIS,

CHEZ BARBA, LIBRAIRE-ÉDITEUR, PALAIS ROYAL ;

ET LES MARCHANDS DE NOUVEAUTÉS.

1830

A Monsieur le Vicomte

de Chateaubriand.

Les auteurs du *Mémoire au Conseil du Roi* ont dédié leur œuvre à M. de Polignac qui n'aime pas la Charte, et moi, Monsieur le Vicomte, je présente cet opuscule au noble pair qui ne cesse de combattre pour elle. Si comme j'ai tout lieu de le croire, M. de Polignac a été satisfait de l'hommage de ces Messieurs, peut-être voudrez-vous bien accepter celui que je prends la confiance de vous adresser. Ce n'est pas que je m'abuse sur la valeur littéraire de ce petit écrit parti d'une plume novice et inexpérimentée ; il n'est, je le sais, quelque chose que par le fond, et rien par la forme ; toutefois, Monsieur le Vicomte, vous lui accorderez, je l'espère, au défaut de votre flatteuse approbation, l'abri protecteur de votre patronage. En temps de guerre (et nous y sommes malheureusement) un général reçoit sous ses drapeaux tout ce qui veut servir, et il est arrivé plus d'une fois qu'un ennemi a mordu la poussière de la main d'un soldat nouvellement enrôlé.

Mais si, comme j'ose l'espérer Monsieur le Vicomte, vous ne repoussez pas cette humble dédicace, comment reconnaîtrai-je une bienveillance si peu méritée ? en quelle monnaie d'auteur la payerai-je ? . . . Vraiment je me trouve embarrassé : je ne peux vous donner du *Monseigneur* ; je suis assez gauche à me servir de mots de ce genre : et puis vous n'êtes plus ministre à portefeuille ; la place que vous remplissiez, M. de Polignac l'occupe. Je ne prendrai pas sur moi de dire que vous êtes un *Maupeou*, d'affirmer que vous valez *M. de Villèle*, et encore moins d'articuler que vous êtes un grand homme. . . *par la foi*. Oh Dieu m'en garde ! . . Ces éloges-là que MM. Benaben et consorts n'ont pas trouvés trop forts pour la modestie de leur patron, blesseraient à coup sûr la vôtre. Commènt donc me tirer de cet embarras? . . Tenez, Monsieur le Vicomte, je vous appellerai tout simplement, comme fait le public, Monsieur de Chateaubriand. Vous laisserez M. de Polignac avec son illustre naissance et sa vie chevaleresque accolé aux grands noms Maupeou et Villèle. Pour vous au moins si vous êtes grand, ce ne sera ni *par la foi*, ni par des rapprochemens *adulateurs*; ce sera par vos ouvrages et votre caractère : et je doute que vous ayez rien à envier à personne.

Veuillez recevoir, Monsieur le Vicomte, l'expression de la parfaite estime et de la haute admiration avec lesquelles j'ai l'honneur d'être,

Monsieur le Vicomte,

Votre très-humble et très-obéissant

serviteur,

Alexandre Bret,

PROCHAIN ÉDITEUR des LETTRES CONTEMPORAINES, ou Histoire des Égaremens et de la conversion d'une jeune femme de qualité confessée par un Jésuite.

(*Manuscrit trouvé dans une église de Lyon.*)

DEUX MOIS

DE LA VIE POLITIQUE

DE

M. DE POLIGNAC

ET DES SIENS.

CHAPITRE PREMIER.

*Étrennes que M. de Polignac a données à la
Cour royale de Lyon.*

Vers les derniers jours de décembre, tout Paris, moins
un quartier, était dans l'allégresse ; on s'abordait d'un air
de triomphe, on se congratulait, on s'embrassait, on aurait dit que le ministère Polignac avait enfin cédé la place
à un ministère national ; et pourtant, de quoi s'agissait-il?
simplement de deux arrêts de la Cour royale de la Seine,
qui infirmaient deux jugemens du Tribunal civil. Mais ces
arrêts avaient, par divers côtés, quelque chose de triom-

phal pour l'opinion publique. D'abord ils consacraient deux libertés précieuses, qui sont comme l'âme et le résumé de toutes les autres, la liberté des discussions religieuses et celle du contrôle des actes du gouvernement ; ensuite, ils relaxaient de l'amende et de la prison deux hommes honorables, tous les deux, quoi qu'en dise *la Gazette*, aussi amis des prérogatives du trône que passionnés pour les franchises populaires. D'après l'autorité de la seconde cour du royaume, *le Courrier français* avait pu, sans crime, émettre le doute que les croyances catholiques soient éternelles, et le *Journal des Débats* avait pu, sans offenser Charles X, s'écrier, à propos de la nomination du ministère du 8 août : Malheureuse France ! malheureux roi !!! Enfin, ces arrêts mémorables apparaissaient à l'opinion comme des soufflets appliqués sur la joue du ministère même qui avait ordonné les premières poursuites : ils semblaient à la fois une punition pour lui et un présage heureux pour la France..... Aussi, jamais la vaste salle des appels de police correctionnelle ne fut plus comble de spectateurs de toutes les classes, avides d'entendre Mes Mérilhou et Dupin aîné ; jamais aussi, surtout après l'acquittement du *Journal des Débats*, cette salle ne retentit de cris de plaisir et de joie plus spontanément, plus unanimement proférés : l'écho dut les renvoyer à M. de Polignac, et l'on put se croire un moment transporté au *forum* d'Athènes ou de Rome.

Toutefois ces momens d'espérance et de joie publiques devaient être bien courts ! Le ministère, le faubourg Saint-Germain, et la congrégation tout entière avaient frémi des décisions de la Cour royale ; mais comme il n'y avait pas moyen de les faire annuler, le ministère a manœuvré pour les faire censurer en haut lieu, et affaiblir d'autant le triomphe de l'opinion et par conséquent sa propre défaite. On se souvient de la fameuse revue de la garde nationale de Paris. Le matin, le monarque avait montré à la milice citoyenne, dont il portait l'uniforme, un visage bienveillant et même riant : malgré quelques cris de *à bas Villèle !* qui avaient pu, à la rigueur, lui causer de la peine, l'expression de sa royale satisfaction devait être consignée le lendemain même dans un ordre du jour spécial..... Mais si le Roi avait été content, M. de Villèle ne l'était pas, et il y parut ; car, dans la nuit, l'ordre du jour de satisfaction se métamorphosa en un ordre de licenciement. Ainsi a fait M. de Polignac. Le Roi, qui est éminemment juste et bon, est homme ; il a des faibles, et le ministre favori a su les trouver pour en composer un baume qu'il a incontinent appliqué sur les blessures de son amour-propre.

Or, avec le renouvellement de l'annnée sont venus les hommages accoutumés des grands corps de l'état à la royauté : à tous, Charles X a répondu avec sa justesse, son affabilité et sa grâce habituelles ; il semble avoir, à cet égard, un don tout particulier. Mais quand est arrivé le tour de la Cour royale, le Prince n'a plus été lui ; il s'est montré en quelque sorte ce qu'on l'avait fait. « Magistrats » de la Cour royale, » a-t-il dit d'une voix ferme et accentuée, après quelques mots de remerciement à l'hommage respectueux du premier président, « n'oubliez jamais » les importans devoirs que vous avez à remplir. » Se figure-t-on l'effet pétrifiant qu'ont dû produire ces paroles sur la députation d'une cour qui était sûre de n'avoir jugé que d'après sa conscience ? Oh ! que surtout elles durent amèrement retentir au cœur du respectable président, qui, le premier, a dit : « La Cour rend des arrêts et non pas des services. » Quel *solde* de 1829 ! et quelles *arrhes* pour 1830 !!! Le *Passez, Messieurs*, de Madame la Dauphine, quoiqu'infiniment plus significatif et plus sec, a, je le parierais, moins affligé la vénérable députation que la grave et solennelle admonestation royale. Quoi qu'il en soit, les intègres magistrats ont dû s'apercevoir que l'air de la cour ne leur convenait pas. Tu l'emportes, Polignac, ont-ils peut-être dit en se retirant ; mais ce n'est pas nous qui sommes vaincus..... notre conscience nous reste.

CHAPITRE 2.

Acharnement d'un Procureur du Roi, poussé par le ministère Polignac ; bel exemple de courage civil.

L'empire nous a légué d'immortels exemples de la braboure des camps, de ce courage qu'on nomme militaire ; mais il appartenait à la restauration de nous offrir des exemples d'un courage qui est peut-être plus rare encore, je veux parler du courage civil. Que d'exemples de ce genre de bravoure nous offrent à l'envi les députés patriotes, les journalistes indépendans, les signataires pour le refus éventuel de l'impôt et la magistrature française presqu'en masse ! (1) On dirait revenu le temps des Molé, des Harlay, des Hampden et des Milton, moins toutefois la facilité de la tyrannie d'un seul : c'est qu'il faut au peuple français du dix-neuvième siècle quelque chose qui l'émeuve, le remue et lui fasse battre le cœur en satisfaisant son amour-propre. L'empire l'avait rassasié de gloire; les Bourbons, à défaut d'autre chose, lui ont donné la liberté qu'il a acceptée avec joie et reconnaissance. Mais que leurs ministres au moins ne se hasardent pas à vouloir lui ravir ce don précieux : il serait pour eux la robe du centaure Nessus; ils apprendraient aussitôt que la France, en recevant la liberté en échange d'elle-même, n'a pas entendu faire un marché d'enfans.

Voyez *la Sentinelle des Deux-Sèvres !* Cet intrépide journal, quoique dès long-temps marqué de rouge par la congrégation, n'a-t-il pas gardé sans trembler, sans sourciller, sans reculer d'un pas, le poste d'honneur et de péril où l'avaient placé ses rédacteurs? Fidèle à sa consigne, *la*

(1) Que le *Mémoire au Conseil du Roi* taxe d'*ineptie* et de *bêtise* les magistrats des départemens, qu'il appelle la Cour *prétendue* royale de Paris, *une convention au petit pied*, rendant des *arrêts* à la royauté et des *services* au peuple, libre à lui, puisqu'il convient à MM. les membres du parquet de ne dire mot : mais au moins ces grossiers outrages n'empêcheront pas la magistrature française de continuer à être ce qu'elle s'est montrée jusqu'ici. Les calomnies mêmes de la congrégation lui prouvent qu'en rendant ses décisions d'après sa conscience, elle a toujours jugé selon la justice. Comme le soleil du désert

Elle poursuivra sa carrière,
En versant des flots de lumière
Sur ses obscurs blasphémateurs.

Sentinelle n'a fait acception ni des robes longues, ni des robes courtes, ni des habits brodés; elle n'a laissé passer sans crier *Qui vive !* que deux choses, la justice et la vérité. De là, le ressentiment du préfet, la haine du conseil-général et la colère jésuitico-ministérielle de M. le procureur du roi Brunet; de là, par conséquent, trois procès devant le Tribunal civil de Niort, procès dramatiques s'il en fût, moins précisément par le fond des choses que par des demandes de récusation, des péripéties et des personnalités telles qu'on n'en vit peut-être jamais au barreau. Oh ! vraiment j'en voudrais beaucoup à M. Brunet, moins encore d'avoir fait l'éloge de M. de Polignac; (car enfin il n'est pas défendu de louer qui nous paye), que d'avoir apporté au parquet les passions bilieuses de la sacristie, si ses apostrophes anti-libérales, si ses attaques nominatives n'avaient fait descendre dans l'arène un beau talent, rehaussé d'un noble caractère. M. Clerc Lasalle, avocat, un des rédacteurs de *la Sentinelle*, a repoussé de la manière la plus brillante tous les argumens du ministère public ; de plus, en même temps qu'il a rétorqué avec force et finesse à la fois ce que les réquisitoires pouvaient avoir de personnel pour lui, il a su, et battre en ruines les grandes excellences de Paris , et justifier *la Sentinelle* d'avoir fait feu sur quelques petites seigneuries de province. M. Clerc Lasalle n'a pas eu, il est vrai, dans toutes les questions les juges pour lui ; mais il peut se flatter au moins que les rieurs n'étaient pas du côté de M. Brunet.

Et voilà justement ce qui a irrité de plus fort la congrégation, qui sait de science certaine (c'est *le Figaro* qui est chargé de son éducation à cet égard), qu'en France le ridicule est aussi une massue. Or, n'ayant pu ni amener à composition, ni vaincre judiciairement *la Sentinelle*, la congrégation a usé de pratiques à elle connues pour la désarmer. « Tu as édité jusqu'à ce jour, a-t-elle dit à » l'imprimeur de *la Sentinelle*, ce journal *révolution-* » *naire*, il faut cesser de lui prêter tes presses. Tu as » femme et enfans, ton brevet est la propriété du gouver- » nement ; trembles ! si tu n'obéis. » Et le vassal du gou- vernement, qui redoute avant tout la faim et la misère, de signifier à M. Clerc Lasalle qu'il ne pouvait plus être son imprimeur ; et M. Clerc Lasalle de l'assigner devant le tribunal de Niort pour le forcer à continuer à l'être, et le tribunal de Niort de condamner l'imprimeur, et celui-ci de former appel, et la Cour royale de Poitiers de donner tort au journaliste. Pour le coup, ce semble, voilà la redou- table *Sentinelle* désarmée et vaincue : elle va se rendre !... Se rendre ! non ; un poste d'honneur ne se quitte pas si vite. Il est des imprimeurs ailleurs qu'à Niort : à La Ro- chelle, par exemple, il en est quatre et probablement l'un d'eux..... Aucun d'eux, au contraire, ne veut l'imprimer ; la prévoyante congrégation les a tous *travaillés*. Cette fois enfin M. Clerc Lasalle se tiendra pour bien et duement battu. Peut-il être journaliste sans imprimeur ? luttera-t-il contre l'impossible ? Non. Mais, ô miracle du courage civil, il sait qu'il existe à Paris, à quatre-vingts lieues de son pays, des imprimeurs indépendans et que n'effraient pas les menaces du parti rétrograde ; il s'adresse à l'un d'eux et s'arrange avec lui. Les frais seront doubles, les difficultés, à cause de la distance, sans cesse renaissantes ; mais qu'importe l'argent, qu'importe la peine à qui a juré d'être utile à son pays !.... C'est donc de la capitale que partira désormais *la Sentinelle* pour reparaître à Niort, plus impartiale, plus vigilante, plus inflexible que jamais. Fonctionnaires des Deux - Sèvres, et vous notamment M. Brunet, souvenez-vous que vous n'avez pu ni effrayer, ni corrompre, ni désarmer *la Sentinelle*. C'est donc à vous tous d'être ce que ne sont pas vos patrons, c'est-à-dire équitables, humains et constitutionnels, sinon garde à vous !!!...

CHAPITRE 5.

De M. de Châteaubriand et des accusations dont il est l'objet.

Il est un homme dont le talent, le caractère et le royalisme éprouvé fatiguent et importunent au plus haut degré M. de Polignac, c'est M. de Châteaubriand. D'abord, le ministre favori ne s'est pas montré avare de prévenances et de courtoisies envers le noble pair. Il l'a amadoué, alléché par les plus douces paroles, par les promesses les plus magnifiques. Il eût été si glorieux pour lui de compter parmi les *siens* une pareille renommée ! c'était un diamant qui eût sauvé jusqu'à un certain point la hideur des guenilles ministérielles. Mais ensuite, lorsque M. de Polignac s'est convaincu que M. de Châteaubriand ne répondait que par l'indifférence et le dédain à toutes ses cajoleries ; lorsque surtout lui est arrivée certaine démission, qui lui en disait plus long que les plus longs discours, alors le ministre, tout rouge de colère, a changé de ton et de procédés : semblable à ces vieilles coquettes que le dédain de leurs charmes met d'autant plus en fureur, qu'elles croyent plus sûrement pouvoir compter sur leurs effets, sa politesse s'est changée en haine, et une profonde inimitié a pris la place de sa précédente courtoisie ; il a dit à sa *Gazette :* DÉCHIREZ-MOI CET HOMME-LA !!! Or, on sait que dans ce genre de commission la benoîte feuille ne vole pas l'argent qu'on lui donne. Cependant, examinons la vie politique du noble pair, et voyons si les diatribes dont le journal congréganiste s'efforce de la salir ont quelqu'apparence de fondement. Je narrerai sans conclure : je laisse ce soin au lecteur. Je n'ai pas besoin d'ajouter qu'il ne sera pas question ici de Châteaubriand comme auteur ; il est unanimement reconnu que le peintre d'*Attala* est l'écrivain le plus varié, le plus brillant, le plus original de l'époque : qui le lit n'a pas besoin, pour savoir tout cela, des éloges de qui en parle.

En général, l'existence politique de M. de Châteaubriand a été mal jugée, parce qu'elle a été trop légèrement étudiée et mal comprise. Le grand grief qu'on lui a reproché et que beaucoup de gens lui reprochent encore, c'est d'avoir tout-à-coup changé de vie en 1814, c'est d'avoir déserté, sans motifs suffisans, le temple des Muses où il ne connaissait point de rivaux, pour encenser la trompeuse et grimacière idole de la politique, dont, quoiqu'il ait fait, il n'a jamais pu parvenir à être le favori ; mais ceci est un effet qu'on ne peut convenablement juger qu'en cherchant consciencieusement à en apprécier la cause. Voyons donc :

Sous l'empire, M. de Châteaubriand n'a été et ne pouvait être que le premier écrivain de l'époque. Quelle figure aurait fait le noble pair, je le demande, d'honneur châtouilleux et susceptible comme il est dans les conseils d'un souverain qui traitait habituellement ses ministres en soldat, et qui parfois même allait jusqu'à leur adresser de ces gestes *touchans* dont cchacun sait, sans que je les dise, le nom et les effets. D'ailleurs l'HOMME DU DESTIN, qui aimait d'autant plus les louanges délicates, qu'il était journellement saturé d'un grossier encens, se serait bien gardé, lors même que M. de Châteaubriand eût eu des velléités d'affaires publiques, de profaner, par des occupations de bureaux, la plume élégante qui avait tracé l'*Itinéraire de Paris à Jérusalem*. Mais lorsque la restauration arriva, lorsque la Charte fut proclamée avec un nouveL ordre de choses survinrent en France de nouvelles idées; et l'on sait si M. de Châteaubriand, doué d'une brûlante imagination et tout fier sans doute aussi de sentir enfin sa pensée dégagée d'entraves, fut le dernier, soit à les éprouver, soit à les faire sentir aux autres. Dans deux brochures étincelantes d'inspiration et de verve; il célébra avec le retour des Bourbons le fruit délicieux et nouveau qu'ils apportaient, la LIBERTÉ. Or, celle-ci ayant fait passer ceux-là, les nouvelles idées embellies encore de toute l'éloquence de leur avocat, gagnèrent bientôt de proche en proche, et devinrent même chez un grand nombre de Français de vives affections. La royauté, si chaudement et si heureusement servie, ne pouvait être ingrate, et ne le fut point, on le sait. Ses faveurs du moment présagèrent à M. de Châteaubriand une confiance entière pour l'avenir, et dèslors le noble pair put se croire appelé à joindre à son ancienne réputation de grand écrivain, une future renommée d'habile ministre. De là, son désir constant, depuis 1814, de places politiques ; de là , cette ambition de portefeuilles tour-à-tour frustrée et satisfaite , dont les ennemis du grand écrivain lui ont fait et persistent à lui faire un crime, sans songer qu'elle fut en lui l'œuvre des circonstances et non le fruit de ses calculs : aussi , voyons-le agir. En 1824, il aime mieux s'exposer à subir une *expulsion brutale*, que de soutenir contre sa conscience la loi du 3 p. %, et en 1829 , il a préféré donner sa démission de la plus brillante des ambassades , que de marcher sous les étendards du ministère Polignac. Mais, dit-on, si en effet, M. de Châteaubriand n'avait eu qu'une ambition de position et non de caractère, pourquoi se serait-il brusquement séparé de ses anciens amis ? pourquoi aurait-il exalté sans mesure ce qu'il avait précédemment combattu à outrance? Pour quelle cause sa plume, qui avait fait pendant trois ans du royalisme *quand même !* dans *le Conservateur*, aurait-elle fait, depuis la fameuse brouillerie avec M. de Villèle, du libéralisme pur dans le *Journal des Débats ?...* Je vais montrer que ces objections sont loin d'être aussi fortes qu'elles peuvent le paraître du premier coup-d'œil.

A la chûte de l'empire, M. de Châteaubriand se fit , spontanément, ainsi que je viens de le dire, le héraut et l'avocat des Bourbons. Les longs et cruels malheurs de cette royale famille étaient bien faits pour remplir une âme de poète d'enthousiasme et de dévouement ; et puis , Louis XVIII apportait la liberté ! Oh! si les Bourbons étaient revenus seuls en France , il est à peu près certain que le pays aurait joui , dès leur arrivée , de la plus complète félicité. Une dynastie connue par sa bonté , et une Charte sagement pondérée, que fallait-il de plus à un peuple rassasié de guerres et de révolutions ? Malheureusement il n'en fut point ainsi. Avec Louis XVIII reparurent sur le sol français, et sortirent comme de dessous terre, une nuée d'émigrés de tous les rangs, de nobles de tous les degrés, de tous les sexes, tous gens aussi avides à ravoir leurs biens et à demander des richesses nouvelles, qu'ardens à censurer, à calomnier le pacte politique médité à Harttwel. « La Charte, disaient-ils à Louis XVIII, qu'ils entouraient, qu'ils pressaient de façon à lui laisser à peine de la place dans son palais, « est une concession inutile, » dangereuse, révolutionnaire. Régnez, sire, comme vos » ancêtres, purement et simplement, par la grâce de Dieu ; » le peuple français en sera plus heureux et Votre Ma- » jesté aussi. » Ces suggestions perfides, répétées avec mille variations diverses, par les journauux dits monarchiques et religieux, pouvaient ne point produire d'effet immediat : la sagesse de Louis XVIII avait été trempée dans l'adversité !.... mais elles n'en existaient pas moins ; et on sait quel empire funeste finissent par prendre les courti- sans, même sur les rois les mieux intentionnés... Or, l'immense majorité de la nation, qui pouvait craindre qu'un caprice en forme d'ordonnance ne lui enlevât un beau matin les garanties politiques qu'elle avait acceptées, et qui plus est, assez chèrement payées, se constitua comme un seul homme en opposition avec le pouvoir *présumé absolu*, et écrivit sur sa bannière le mot CHARTE. Les hommes de Pilnitz et de Coblentz, les *vicomie de Lamorlière* de la cour et de la province déployèrent de leur côté un drapeau blanc où ils affectèrent d'écrire en énormes lettres le mot ROI. Voilà la séparation consommée, voilà les deux partis bien distincts, bien prononcés, voilà l'ancien et le nouveau régime en présence.

Dans cet état de choses, M. de Châteaubriand, avec un nom et une réputation qui, dès long-temps avaient fixé l'attention publique, devait prendre un parti : il se rangea du côté de la noblesse. Non, certes, parce qu'il était noble lui-même, mais parce qu'il voyait autour d'elle ce vénérable Louis XVIII auquel le liaient et ses premiers services, et les récompenses qu'il en avaient reçues, et une affection en quelque façon personnelle qu'avait resserrée encore le voyage de Gand. Dès-lors le noble pair se trouva engagé, comme à son insçu, dans une fausse route. L'attachement plein d'enthousiasme et de bonne foi qu'il portait au Roi, lui ferma les yeux sur les sourdes menées et les espérances secrètes des prétendus royalistes. L'esprit rétrograde et spoliateur de la noblesse, la tendance ultramontaine et envahissante du clergé restèrent sans évidence pour lui, tandis qu'une aveugle prévention lui transforma en entreprises révolutionnaires, en attentats à la sûreté du trône, les moindres démarches que pouvaient faire les libéraux, afin de conserver intact le pacte politique de St.-Ouen. Delà, diverses brochures anti-nationales ; delà certains articles de journaux ; delà enfin la fondation du *Conservateur*. Ainsi le cœur de M. de Châteaubriand égara son esprit. C'est assez excuser une erreur qui ne pouvait avoir une plus noble cause, et c'est assez dire aussi que cette erreur devait avoir tôt ou tard un terme. Ce terme arriva à la mort de Louis XVIII. Alors l'auteur du *Génie du Christianisme* put envisager sans préoccupation et de sang-froid, et ce trône pour lequel il avait rompu tant de lances ; et cette ancienne noblesse qui était si fière de le compter parmi ses plus chauds défenseurs ; et ce clergé dont il avait si opiniâtrement cherché à faire déborder l'influence ; et ces libéraux, ou plutôt, ce peuple en masse qu'il avait signalé dans tant d'éloquentes philippiques comme l'ennemi-né des Bourbons ; alors, par conséquent, le noble pair, sorti comme d'un long rêve, vit avec effroi combien fortement il s'était trompé dans ses appréciations politiques. Un homme ordinaire cache ses fautes, ou, ce qui est pis encore, y persiste ; mais un homme de talent les répare, et c'est ce qu'a noblement fait M. de Châteaubriand, depuis le jour où la vérité est venue déssiller ses yeux. Maintenant que la *Gazette* le calomnie, que le ministère Polignac le déteste, que le Roi lui-même, trompé par son favori, le blâme, que lui importe ? M. de Châteaubriand, en cherchant la vérité, a trouvé des applaudissemens qui sont de nature à le dédommager de toutes ces petites contrariétés : ce sont les applaudissemens de toute la France.

CHAPITRE 4.

Petite cause qui a failli produire un grand effet.

Le lecteur se souvient probablement que M. de Villèle dit un jour à ses familiers, dans un moment d'abandon, aucuns disent d'*ivresse* : JOSEPH DE VILLÈLE MOURRA MINISTRE ! Cette gasconnade qui a été vérité pendant sept ans, et qui, sans les élections de 1827, eût peut-être dégénéré en une prophétie véritable, est la marotte de tous les premiers ministres, de tous les ministres favoris. Or , elle ne peut manquer d'être celle de M. de Polignac, qui, fier d'être adossé contre le Roi, nargue et défie, sinon les futurs électeurs, au moins la majorité constitutionnelle de la chambre des députés. Cependant, comme les ministres les plus puissans ont un côté vulnérable quelconque, le prince romain a chancelé et a failli même être désarçonné, il y a tantôt un mois. Il est bon de dire, avant tout, que M. de Polignac, qui est le haut patron de tous ses collégues d'abord, et ensuite de MM. Mangin, Syriès, Trouvé, Cottu, Madrolle, Martinville, Genoude *e tutti quanti*, a, à son tour, à Londres, un patron suprême pour la prospérité duquel il prie Dieu chaque matin avec d'autant plus de ferveur, qu'à cette prospérité principale est attachée la sienne en premier lieu, et, par voie de conséquence, celle de tout son monde : tel un régiment de capucins de cartes qui tombe tout entier dès que le premier est par terre. Mais je me hâte d'arrriver à l'étrange cause qui a failli déterminer l'écroulement de tout l'échafaudage ministériel du 8 août. Lecteurs qui ne connaissez pas l'aventure, écoutez-là ; et vous, nouvellistes qui la savez depuis long-temps, remémoriez vous en de nouveau toutes les particularités ; puis, si vous ne gémissez pas trop, faites comme moi, riez.

Le roi d'Angleterre avait, depuis quinze ans, non pas pour maîtresse, ce mot là est mal séant quand on parle d'un roi, mais pour dame de compagnie, une certaine marquise de Conyngham. L'amour des mêmes délassemens, une juste proportion d'âge, une sympathie de caractère prononcée, et surtout l'habitude, avaient rendu l'heureuse marquise chère et même nécessaire, comme vous le verrez plus tard, à son royal ami. Toutefois, si Georges IV était content de ce côté, il était loin d'être gai sous d'autres rapports. Une oppression continuelle, une goute permanente, une propension assez marquée à la maladie endémique de l'Angleterre, le *spleen*, et peut-être aussi le chagrin de voir le léopard britannique, si fier autrefois, baisser aujourd'hui l'oreille devant l'aigle moscovite, tout cela donnait au monarque un noir, une humeur qui rendaient ses rapports avec ses ministres fort peu agréables pour ceux-ci. Il les grondait, les rudoyait, leur lançait des *goddem* à tout propos, et allait même parfois, dit-on, jusqu'à déployer son bras droit de la façon *touchante* dont l'allongeaient jadis le grand Frédéric, et plus récemment le *petit caporal*, qui, tout petit qu'il était, est encore plus grand que le monarque prussien. On le sait, les ministres de tous les pays sont généralement faits d'étoffe imperméable à ces affronts, que j'appellerai de la *grande espèce*. Un soufflet, qui, entre petites gens, vaut un coup d'épée, perd de son ignominie quand il part d'une main royale ; et, vraiment, si jamais j'ai cru que le fameux précepte de saint Paul : « Si l'on vous donne un soufflet sur la joue droite, » tendez la gauche, » fut possible quelque part, c'est à la cour. Cependant, attendu que les ministres redoutent beaucoup ces extrêmités *touchantes* (car enfin un horion de monarque, à défaut de honte, produit, tout comme un autre, de la douleur), les ministres, dis-je, sont infiniment habiles à les prévenir en en détruisant les causes. Voyons donc comment s'y prit le premier ministre de la Grande-Bretagne, le héros de Waterloo, lord Wellington enfin, puisqu'il faut l'appeler par son nom, pour corriger, ou du moins, pour modifier les habitudes par trop promptes de son très-gracieux souverain.

Mylord-duc réfléchit beaucoup sur le cas. Or, après s'être longuement creusé la cervelle, il crut trouver les causes déterminantes de la mauvaise humeur habituelle de Georges IV dans sa trop longue fréquentation de lady Conyngham. « Cette femme, quoiqu'aimable, est vieille, se » dit-il, et partant peu revenante pour sa majesté, qui, » n'étant pas jeune non plus, a d'autant plus besoin d'ê- » tre stimulée. Une Agar de vingt ans sauterait, danserait, » rirait, folâtrerait à l'entour du nouvel Abraham pen- » dant le jour, et lui réchaufferait les pieds quand vien- » drait la nuit. Ce changement rendrait à coup sûr le mo- » narque plus gaillard, par suite plus accommodant » et plus doux. On en usa ainsi avec Louis XV quand la » Pompadour fut vieille. Le procédé réussit en France, » pourquoi ne réussirait-il pas en Angleterre? Tous » rois ne sont-ils pas les mêmes? Essayons-en. » Ce so- liloque à peine achevé, vîte, Wellington se met à la beso- gne. En même-temps qu'il fait construire au bout du parc de Windsor un délicieux petit *cottage*, il met des limiers en course pour découvrir une jeune fille, jolie, belle, vive spirituelle, tendre, amusante, divertissante, agaçante, en un mot, un vrai morceau de roi. Puis, le hé- ros de Waterloo manœuvre; d'une part, pour éloigner lady Conyngham de la personne du roi, et de l'autre pour pré- parer sa majesté à ses nouvelles jouissances..... O bonheur! il réussit à tout souhait. Georges, enchanté, trouve le cottage charmant, séduisant, délicieux, et son Agar, jeune actrice de *Covent-Garden*, mille fois plus char- mante, plus séduisante, plus délicieuse encore. Adieu ses parties de wist, ses duos de musique, ses conversations sérieuses, ses habitudes comfortables; adieu sa vieille marquise, adieu tout! il a oublié en peu de jours tout une vie de quinze ans; et il est devenu ce que mylord-duc prévoyait qu'il serait : doux, affable, d'humeur accorte et presque gaie. Mylord triomphait, et, à vrai dire, il y avait de quôi...... Mais que les prévisions des hommes sont trompeuses et que leurs calculs sont incertains! le roi qui avait été dans l'ivresse le premier mois, réfléchit quelque peu le second, s'ennuie le troisième, et enfin commence le quatrième par demander à corps et à cris ses anciennes habitudes de wist, de musique, de causeries : c'est-à-dire sa vieille marquise. Et à qui la demandera-t-il, s'il vous plaît? Justement à son premier ministre, justement à celui qui l'avait éloignée de sa royale personne. — Vous m'avez enlevé mon amie, dit le monarque à Wellington stupéfait, il faut que vous me la rameniez ; ce sera votre punition. — Mais, sire..... — Rendez-moi la marquise, vous dis-je. — Sire, votre majesté voudra bien remarquer qu'une pareille négociation..... — C'est vous qui l'avez rendue nécessaire. D'ailleurs, cette petite miss de *Covent-Garden*, de qui me vient-elle? — Mais, sire, la marquise du caractère dont je la connais....... — Tant pis, il me la faut; allez! — Ce ne sera pas toujours de ma part que vous l'aurez, dit sans doute tout bas le ministre en se retirant. Et en effet, de retour à Londres, il annonça à ses collègues sa retraite comme à peu près certaine, bien entendu sans en dire la cause. Ainsi, vous le voyez, lecteurs, ce fier Wellington qui a commandé des armées, qui a battu, *comme vous savez*, le plus grand capitaine du siècle dernier, et qui, par surcroit, est coulé en bronze à Hyde-Parc en costume romain, a reculé devant la colère d'une vieille femme. Heureusement pour lui que le monarque, en y réfléchissant mieux, n'a pas persisté dans ses premiers ordres. Il a trouvé le moyen de ravoir sa maîtresse sans renvoyer son ministre, qu'il n'en estimera probablement pas davantage. Mais au moins, Georges IV a évité que l'Europe ne dise, que nouveau Louis XV, il avait mêlé les intérêts de son royaume aux débats d'une querelle de débats de boudoir. On comprend maintenant pourquoi la chaise currule de M. de Polignac a failli chavirer il y a quelques semaines, entraînée qu'elle était par la culbute imminente de lord Wellington : c'est un effet qui aurait disparu avec la cause. Mais Dieu n'a pas permis, pour l'honneur du pays, qu'une vieille marquise britannique fît tomber un ministre français. La leçon viendra de plus haut, et c'est la chambre des députés qui la donnera. Ce grand résultat, je le désire de toute mon âme ; et pourtant, s'il faut dire toute ma pensée, j'y aurai je ne sais quel regret quand il sera obtenu. Il est si beau, si touchant de voir le prince de Polignac aimer, chérir, aider en frère son bon ami le duc de Wellington, et rester, malgré les journaux, malgré la France, malgré tout, le fidèle Pylade de cet autre Oreste. En vérité, je crois que si nous étions encore aux temps mythologiques, la congrégation placerait au ciel ces deux illustres ministres, et consacrerait à jamais la tendre amitié qui les unit ici-bas, en les adorant, nouveaux Castor et Pollux, sous la figure d'une seule et même constellation.

CHAPITRE 5.

Des Tribulations de M. de Polignac.

Tout le monde blâme M. de Polignac, tout le monde lui jette la pierre, eh bien, moi! le croirait-on? j'ai quelque envie de le plaindre. Sa tête, qui n'était que grise, est presque devenue toute blanche depuis huit mois qu'il est ministre, et je le crois sans peine : on blanchirait à moins. Oh! l'insensé! que ne gardait-il cette bonne ambassade de Londres qui paraissait faite pour lui, s'il n'était pas absolument fait pour elle. C'était là une espèce de sinécure, c'était là tout au moins un brillant emploi sans contrariétés et sans déboires. Quel démon jaloux de son bonheur et du nôtre a donc pu le pousser à quitter ce lit de roses, pour venir s'étendre péniblement sur le lit de fer du ministère? Décidément repoussé par la chambre des députés, incertain sur les dispositions de la chambre des pairs, M. de Polignac n'a pas même pu parvenir, malgré tous ses soins, à établir l'unité et l'harmonie dans son ménage ministériel, car le discours du trône est bien plutôt une acte de forfanterie, qu'une déclaration de principes. Pour nous convaincre du fait, nous n'avons qu'à jeter un coup-d'œil sur deux mesures assez capitales de deux ministres.

Dans sa dernière session, la chambre des députés avait donné sa sanction législative à un emprunt de quatre-vingts

millions destiné à faire face à divers services extraordinaires. Cet emprunt, voté pour le ministère Martignac,
devient, par le revirement du 8 août, la mine d'or de
l'association Polignac: *si vos non vobis*. M. de Chabrol
avait le choix entre le 5 p. 100, le 4 1/2, le 3 et la
création d'un nouveau fonds ; mais on pouvait croire que,
par déférence pour M. de Polignac, qui n'était pas fâché
de donner cette marque d'amitié à l'ancien président du
ministère déplorable, M. de Chabrol effectuerait l'emprunt
en question en 3 ou 4 1/2. Eh bien ! pas du tout ; ce ministre, sans avoir égard aux insinuations de son noble chef-
de-file, ouvre la concurrence sur un fonds tout neuf, sur
du 4 p. 100. Qu'est-il arrivé delà ? que M. de Polignac,
fort en colère contre son collègue, l'a impitoyablement
livré, ne pouvant faire mieux pour le moment, à la bonne
langue de la *Gazette*, qui s'est tirée de la commission
comme de coutume. « M. de Chabrol, a dit en substance
» la feuille dévote, est un ingrat, un perfide et un mi-
» nistre des finances incapable. En créant un nouveau
» fonds, tandis qu'il en existait de si bien assis, de si
» avantageux, il a trahi à-la-fois et les intérêts du pays,
» et la reconnaissance qu'il devait à l'homme d'État qui
» fut à-la-fois son collègue, son protecteur et son ami.
» Dans cette nouvelle et grande opération financière qui
» était évidemment faite pour se lier aux conceptions an-
» térieures et si habiles de M. de Villèle, M. de Chabrol
» n'a songé qu'à une seule et fort petite chose : son amour-
» propre ; il a voulu qu'on dît le *fonds Chabrol* comme
» on dit le fonds de Villèle ; quelle petitesse ! M. de Cha-
» brol, ancien ministre de la marine sans avoir vu la mer,
» et aujourd'hui ministre des finances sans posséder les

» quatre règles, devrait savoir qu'il n'appartient qu'aux
» hommes véritablement spéciaux de laisser leurs noms à
» leurs créations. Aussi.... » On devine ce que veut dire
cet aussi. Et vraiment il n'a pas tenu à la bonne *Gazette*
que M. de Chabrol ne fût tout doucement remercié. Insinuations désobligeantes, coups de pate jésuitiques, attaques même directes, quoique faites à mots couverts, elle
n'a rien négligé pour obtenir ce résultat. Il fallait immoler
l'ingrat aux mânes ministériels de M. de Villèle ! ! ! Mais
jusqu'à ce jour du moins, le journal congréganiste a perdu
son temps et ses peines : M. de Chabrol est encore debout,
et qui sait même si, de tout le ministère incroyable, il ne
restera pas le dernier sur ses pieds ? Ce n'est pas sans
cause qu'on l'a nommé *l'officier de l'état civil des ministères*. La source de cette faveur, de cette influence en
quelque sorte posthumes, qu'un autre que moi la cherche.
Je ne vois en M. de Chabrol ni une grande illustration de
naissance, ni des talens extraordinaires, ni une habileté
spéciale, mais un bonheur à toute épreuve. Que Bonaparte
habite les Tuileries, que Louis XVIII règne, que Charles X tienne le sceptre, M. de Chabrol est toujours en
haute faveur : il est toujours *le Napoléon de sa famille*.
A ce propos, un paysan dirait qu'il a de la corde de
pendu dans sa poche, et moi je dis qu'il doit être maître
passé dans le secret de jeter de la poudre aux yeux, ou,
si l'on trouve le mot par trop cavalier, dans l'art de
plaire.

J'aurais bien à dire un mot, et du tiéde M. d'Haussez
qui, pour le dire en passant, est infiniment plus fort sur
l'hyppiatrique que sur la marine, et du doucereux M. de
Montbel, dont les petites épaules plient sous le lourd far-

dcau de l'intérieur, car ce sont deux hommes qui ne sont pas tout-à-fait non plus selon l'esprit et le cœur de M. de Polignac; mais je préfère venir sans transition et sans remise à cet autre ministre qui, comme M. de Chabrol, a osé mécontenter le noble président du conseil, et qui, comme lui aussi, a été mordu, *avec permission*, par la *Gazette*.

M. de Courvoisier (il faut bien le nommer) offrait des précédens politiques qui devaient à-la-fois le faire rechercher et repousser par l'association du 8 août. D'abord il avait pour lui une ambition souple comme un gant de daim, une assez longue habitude de tribune, une certaine facilité d'improvisation, et par dessus tout cela une tendresse reconnue pour les jésuites. D'un autre côté, plaidaient contre lui plusieurs votes anti-Villéliens, et des rapports assez fortement noués avec les Humann, les Royer-Collard et tout ce centre gauche, qui, j'en suis persuadé, pèse toutes les nuits comme un affreux cauchemar sur la poitrine oppressée du président du conseil. Néanmoins, quand M. Jules eut mission de former son cabinet, il ne lui parut pas que les motifs qui devaient _ faire exclure M. de Courvoisier, fussent aussi péremptoires que ceux qui militaient pour lui. Ils furent peut-être même une raison déterminante de plus. « Cet homme est » liant, insinuant, dut se dire à part soi M. de Polignac; » anciennement lié d'amitié avec ce centre gauche qui me » préoccupe et m'empêche de dormir, il me le mitonnera, » me le conciliera au moins en partie; puis vienne la session, » et je trouverai la majorité que j'ai promise au Roi mon » maître. A M. de Courvoisier les sceaux! » Ce qui fut aussitôt fait que dit, car le nouvel élu fut presque aussi prompt à aller revêtir la simarre, que l'avait été le télégraphe à lui annoncer qu'elle était à sa disposition. M. de Polignac avait fait un joli rêve, sans doute, mais il a été court.... M. Courvoisier, d'étoffe souple, ami des jésuites, prêt à faire le coup de langue à la tribune, il l'a eu et l'a encore ; mais de Courvoisier séduisant des députés, débauchant le centre gauche, éteignant les défiances constitutionnelles, facilitant en un mot le vote du budjet, hélas ! point, ce qui s'appelle point ; bien plus, et qui le croirait ? L'ex-procureur-général de Lyon a sinon renié, au moins oublié son origine. Colloqué au fauteuil ministériel par un noble, il a commencé par rappeler à une portion de la noblesse qu'elle n'avait pas payé ses parchemins ; puis il a créé une commission pour reviser et coordonner les diverses attributions du conseil d'Etat, et il lui a donné pour président, qui ?... La *Gazette* qui en suffoquait de colère, n'a presque pas eu la force de le dire : l'éloquent ami du régime légal, l'implacable adversaire des sinécures, j'ai nommé M. de Cormenin. Fidèle à la vraie justice et à ses sévères principes, le courageux et incorruptible député avait posé pour base du travail de la commission qu'il présidait, *l'inamovibilité* de la partie judiciaire du conseil d'Etat. Or, quel affreux scandale ! et c'est un membre du ministère à la grande devise : PLUS DE CONCESSIONS ! C'est le garde-des-sceaux du choix particulier de M. de Polignac qui l'a causé, ce scandale ! Quelle ingratitude ! quelle horreur ! On a bien raison de dire qu'on n'est trahi que par les siens ! Aussi l'œuvre *révolutionnaire* de la commission Cormenin a-t-il été repoussé par le cabinet en masse ; aussi... Si on a compris ce que voulait dire l'*aussi* de M. de Chabrol, on a deviné ce que veut dire celui-ci par rapport à M. de Courvoisier.

Mais, dira-t-on peut-être, vous prétendez qu'il y a désunion, discord dant l'association Polignac ; vous dites que M. d'Haussez est tiéde, que M. de Montbel est cauteleux ; vous prétendez que MM. de Chabrol et de Courvoisier ont presque fait de la révolte contre leur président, et pourtant voyez le discours du trône. La phrase significative, ultrà-énergique qui le termine, ne prouve-t-elle pas avec la dernière évidence, qu'il y a accord et parfait accord entre le chef et ses soldats, entre le grand-prêtre et ses acolytes ? Non, répondrai-je, non, cette phrase ne dit pas ce que vous voulez qu'elle signifie. Elle n'est qu'une ridicule bravade que trois ministres ont seuls pensée, et que les autres n'ont signée qu'en tremblant. « M. Berryer a été nommé, M. Dudon vient de l'être, » a dit M. de Polignac aux ministres timides ; « allons, mes » sieurs, frappez avec moi un dernier coup, ou remettez » moi vos portefeuilles. » Or, ce dernier mot leur a instantanément donné du cœur à tous ; il a été pour eux ce qu'est un coup de fouet pour un cheval qu'on mène boire et qui craint l'eau ; mais le naturel reviendra.

CHAPITRE 6.

Des aides et des ressources de M. de Polignac.

Je viens de le dire, et je crois que je n'ai pas menti, le président du conseil mène une existence bien doulou reuse , bien misérable. Attaques quotidiennes des journaux libéraux ; talent oratoire de la plupart des députés indépendans ; perspective asssurée d'une adresse *sévère* ; impossibilité d'obtenir le budget ; animadversation certaine de la grande majorité des électeurs ; associations générales pour le refus éventuel de l'impôt ; dispositions secrètement rétives de deux ou trois de ses collègues ; intrigues souterraines de quelques courtisans jaloux ; difficulté de jour en jour plus grande d'empêcher le roi de voir clair enfin dans ses affaires ; que de causes concourrent à faire passer à l'ex-ambassadeur , devenu ministre sans doute pour ses péchés , de mauvais jours et de plus cruelles nuits ! Cependant, je dois l'avouer , M. de Polignac n'a pas l'air de se déconcerter, de désespérer du salut de la sainte congrégation sa mère ; devant, derrière, par côté, l'orage souffle , il lui fait tête partout. Il a préparé, dressé ses batteries avec le sang-froid d'un général , qui , s'il ne peut se préserver d'une défaite imminente , veut du moins sauver l'honneur. Il est vrai que par rapport à M. de Polignac , il n'y a ici en jeu que de l'amour-propre , mais cette fibre là est plus sensible encore que l'autre dans un homme médiocre. Le favori du Roi aimerait mille fois mieux , je gage, qu'on dit qu'il a manqué d'habileté que de caractère. Peut-être confond-il l'une avec l'autre , et se croit-il très-habile , parce qu'il est très-entêté.

Et voyez un peu avec quelle intelligence , avec quelle vigueur M. le président du conseil a mené l'élection de M. Berryer ! En vain les électeurs indépendans se sont tous rendus à leur poste, en vain ils ont tous fait leur devoir, ils ont dû succomber sous les immenses moyens de succès qu'on avait mis à la disposition du candidat ministériel. M. Berryer pliait sous le poids des lettres de recommandation , des notes , des contre-notes et des apostilles qu'on lui avait remis pour toutes les notabilités bien pensantes du département de la Haute-Loire. Il n'est pas un vieux manoir qu'il n'ait visité , pas un dévot auquel il n'ait serré la main, pas une douairière à laquelle il n'ait dû présenter ses hommages. C'est qu'à vrai dire M. de Polignac , pauvre déjà en députés qui votent, était dans la plus extrême pénurie en députés qui parlent. Car , est-ce M. de Conny qui peut lutter avec M. Casimir-Perrier ? est-ce M. de Laboulaye qui oserait se mesurer avec M. Benjamin-Constant ? est-ce M. Siryès de Marinhac qui prendrait la confiance d'entrer en lice avec M. Dupin ? Il fallait donc un orateur à M. de Polignac, et il l'a ; mais , qu'est-ce qu'un orateur pour une cause comme la sienne ? Il lui en faudrait dix , vingt , cent , et encore la perdrait-il ? Il est vrai que M. Dudon , aux poumons vigoureux , sorti on ne sait trop comment du collège d'une ville commerçante, lui vient aussi en aide ; mais M. Dudon ne saurait ajouter aucun poids à la balance ministérielle ; au contraire, il la rendrait plus légère , s'il était possible qu'elle le fût davantage.

Voyons donc quels sont les autres athlètes qui combattent pour le président du conseil, activement, énergiquement, *cum unguibus et rostro*, cherchons.... Ah ! voici venir M. de Peyronnet, qui a ses raisons , soit pour ne pas trop se mettre en évidence, soit aussi pour n'être pas mou à la besogne ; ce *grand citoyen*, comme l'appelle fort sérieusement la *Gazette de France*, (sans doute parce qu'il a cinq pieds huit pouces) tourne continuellement autour du pot, c'est-à-dire de M. de Polignac, et flaire avec amour son ancienne place, se figurant tout de bon que c'est sur ses larges épaules seules que peut convenablement se draper la simarre. C'est là son idée fixe dont il n'a été distrait un moment que par l'espoir d'obtenir la présidence de la cour des comptes, en remplacement du vénérable Barbé-Marbois, qui, déjà malade de ses quatre-vingts ans, a été, par surcroit, attaqué d'une inflammation de poitrine. Heureusement que la médecine, et peut-être aussi l'indignation d'avoir pour successeur un des ministres *déplorables*, ont rendu à la vie et à ses fonctions le vieux et intégre magistrat. Mais aussi, conçoit-on cette ambition tenace, désordonnée, de la part d'un homme dont l'apparition au ministère de la justice fut marquée par l'affaire de l'*escadron provocateur*; l'exécution précitée du colonel Caron; la détention illicite des déportés de la Martinique; la destruction de l'antique indépendance du barreau, et tant d'autres mesures soit législatives, soit personnelles qui sont encore dans toutes les mémoires! Que si M. de Peyronnet a oublié sa vie de ministre, est-il possible qu'il ne soit pas mémoratif du scandale de la fameuse salle à manger, de la censure amère de la chambre des députés, et plus récemment, de la leçon *aigue* qu'il a reçue dans son propre pays, à Bordeaux? N'eût-il pas dû imiter la conduite, sinon de M. de Villèle, renard gascon qui est véhémentanément soupçonné de jouer comme devant, *cartes sous table*, au moins celle de M. Corbière, inoffensif breton, qui, satisfait désormais d'être pair, se livre sans partage dans Rennes, son pays, à ses deux goûts favoris, et nécessairement jumaux, les bouquins et le sommeil? Mais non, M. de Peyronnet a voulu suivre une route à part; plus jeune et plus ingambe que ses anciens collègues, il est accouru bien avant eux à Paris. Sa chère simarre lui trouble la cervelle ; et c'est pour la réendosser plus tôt qu'il assiste régulièrement au petit lever du favori. A-t-il tort ? Dans le sens de son ambition , je ne le crois pas. Un ministre *dé-plorable* peut bien aller avec un ministre *incroyable ;* la preuve, c'est que M. de Polignac fait fort gracieuse mine aux agaceries flagorneuses de M. de Peyronnet : *Similis simili gaudet.*

Près de M. de Peyronnet, avant lui, même , s'il faut ju-ger de la valeur des services d'un homme , par la publique chaleur dont il les rend , se place M. Cottu. Ce magistrat, (je voudrais n'avoir point à écrire ici cette respectable qua-lification) est à la fois le conseiller, le Don Quichotte et la Cassandre du ministère. M. de Polignac lui envoie des ordonnances de gendarmerie , le mande dans son ca-binet , le consulte du ton de la confiance , et lui dit de mettre ses idées sur le papier ; or, M. Cottu le fait aussi-tôt avec cette vigueur d'âme , avec cette impétuosité de style qu'on lui connaît; et puis , quand il a mis en lu-mière les voies et moyens propres à sauver le trône ; quand il a prédit le triomphe imminent et sanglant de la révolution ; quand il a fait déborder sur une longue bro-chure les flots de sa bile toute monarchique ; quand il a dit , « saisissez la *dictature*, frappez, frappez aujourd'hui même , peut-être ne sera-t-il plus temps demain ! » Voilà que M. de Polignac prend peur, recule et ne l'écoute plus. C'est à peine s'il permet à sa Gazette de donner quelques éloges furtifs à un homme qui, pour son service, a passé des nuits blanches entières , s'est démené comme un *sauvage du Canada fait prisonnier*, a mouillé vingt chemises à courir après le comité directeur, et qui, en définitive, n'attrappe que la réputation d'un maniaque et d'un fou. En vérité, l'ingratitude ne saurait être plus noire. Mais que le président du conseil y prenne garde ! l'amour-propre blessé métamorphosa en 1827, M. Cottu, de chaud libéral en royaliste bouillant ; le même sentiment ne pourrait-il pas rétablir les opinions de ce magistrat dans leur état primitif ? je n'en jurerais pas.

Et dans le fait, je ne vois pas pourquoi M. de Polignac renie un homme qui écrit selon son esprit, repousse des conseils et des avis qui sont selon ses pensées ; car, je le demande au ministre favori lui-même, lorsque M. Cottu prêche pour la prééminence de la classe aristocratique sur toutes les autres classes de la société, lorsqu'il rétablit, à la façon de l'ancien régime, une seigneurie féodale avec armoiries, blason, château-fort et drapeau à champ-de-gueule au-dessus ; lorsqu'il constitue un corps d'électeurs dont les cinq sixièmes appartiendraient à l'ancienne noblesse ou à la grande propriété divisée en majorats ; lorsqu'il émet le vœu que ces électeurs privilégiés soient héréditaires, afin que le principe aristocratique se conserve pur, et reste à l'abri de tout alliage possible avec les maximes d'égalité des parias et des vilains ; enfin, lorsque M. Cottu écrit : « qu'un roi de France doit regarder la révolution en face, » et que s'il faut qu'il périsse, ce ne doit être qu'à la lueur » de la foudre et des éclairs. » A l'unisson de qui se met-il ? quelles pensées rencontre-t-il ? avec qui sympathise-t-il ?... Que le président du conseil me réponde et surtout qu'il ne divague pas. Il ne me faut que oui ou non. — Non ! — Vous mentez, M. de Polignac ; et ce n'est pas moi qui vous dis ce mot peu civil, ce sont vos actes, vos précédens, c'est toute votre vie. — Oui !... — A la bonne heure, voilà qui est parlé ! mais alors ne désavouez pas votre confident, votre conseiller, votre écho. Agissez ! ce sera plus tôt fait et pour vous et pour nous...

Derrière M. Cottu, remarquez-vous ce petit homme qui se faufile avec une sorte de timidité dans le bataillon ministériel ? Eh bien ! c'est M. Cornet-d'Incourt. Comme le magistrat de la Cour royale, celui-ci n'aime pas la loi des élections ; mais au lieu de brandir, à l'instar de son émule, un grand sabre, il n'a pour arme qu'une toute petite épée. Voyez-le agir : il dépèce par menues pièces ce que l'autre tranche d'un seul coup ; il sépare, subdivise, catégorise, cherchant, comme on dit, à plumer la poule sans la faire crier. M. Cornet-d'Incourt veut contenter tout le monde en fait de droits politiques. Il fait la part du noble, la part du propriétaire foncier, la part du rentier de l'État, la part du fermier, la part de l'homme de lettres, celle de l'homme d'église, celle du riche commerçant ; il n'est qu'une classe que ce bon M. Cornet oublie de loter (et pour cause), c'est la classe utile autant que nombreuse des petits patentés : « Ils sont si malheureux, ces *boutiquiers !* ils vendent si » peu ! les temps sont si durs ! » Hélas ! il a dit vrai l'écrivain ministériel ; mais ne lui en ont pas moins unaniment répondu les électeurs-marchands : « De grâce, Monsieur, » abstenez-vous de tant de soucis : les temps mauvais de- » viendront meilleurs quand vos patrons ne seront plus » au pouvoir ; nos droits politiques avant tout !!! » Ainsi, le cauteleux M. Cornet n'a fait ni ne fera pas plus de mal que le bouillant M. Cottu : toutefois on doit avouer que si l'opinion pouvait se laisser surprendre, la petite épée de l'un aurait quelque chose de plus redoutable que le grand sabre de l'autre.

Voilà donc, de compte fait, cinq hommes, MM. Berryer, Dudon, de Peyronnet, Cottu et Cornet-d'Incourt,
qui sont montés ou vont monter sur la brèche dans l'intérêt
du ministère ; et, soit dit sans raillerie, ces cinq hommes
en valent bien d'autres. Je pourrais bien aisément grossir
cette liste polignacienne de notabilités non moins remar-
quables, quoique moins en évidence ; mais il me faudrait
franchir le seuil de la chambre des députés, violer le sanc-
tuaire de la chambre des pairs, et pénétrer en indiscret
dans les bureaux de divers ministères, et tout cela, je le
confesse, ne serait pas bien. Laissons donc en paix MM. de
Sallabéry, de Frénilly, de Marcellus, de Grénedan, de
Conny, de Syriès, Clouet, Trouvé, etc., etc. ; aussi bien
ce sont des illustrations que le public connaît assez : il
préférera sans doute que je finisse ce chapitre par un mot
sur l'illustre pivot qui fait mouvoir toutes ces honorables
marionettes.

J'ai dit dans un chapitre précédent que M. de Polignac,
en butte aux journaux, en présence des députés, en vue
des électeurs, et par surcroit mollement secondé par deux
ou trois de ses collégues, était bien malheureux, bien à
plaindre ; et vraiment je ne sais à quoi je pensais quand j'ai
émis une pareille idée. D'abord M. de Polignac, comme
Médée, ne se reste-t-il pas à lui-même ? et puis n'a-t-il
pas, outre les notabilités que j'ai indiquées ci-dessus, des
cohortes de fonctionnaires bien pensans, des journaux dévoués, des congréganistes bien disciplinés, des jésuites prêts
à tout et des collégues sur qui il peut compter à la vie à
la mort ? De plus, n'aurait-il pas le sang, s'il le deman-
dait, de MM. Mérindol, Brunet, Pinaud, et d'une foule
d'autres membres des parquets judiciaires du royaume ? De

plus, le dévouement de M. de Montbel ne le dédommage-
t-il pas de la tiédeur de M. d'Haussez ? La chaleur de M. de
Bourmont ne compense-t-elle pas l'irrésolution de M. de
Chabrol ? La demi-félonie de M. de Courvoisier n'est-elle pas
amplement rachetée par l'aveugle fidélité de M. de Guer-
non-Ranville ? Quant à la guerre quotidienne que lui font
les journaux libéraux, le président du conseil peut-il la
craindre, lui qui en levant le petit doigt peut lancer un
réquisitoire ! lui qui compte dans les rangs de ses défenseurs
publics *l'Éclair*, *le Conservateur de la Restauration*,
l'Ami de la Religion et du Roi, *le Drapeau-Blanc*,
l'Universel, *la Quotidienne*, *la Gazette de France* et
ce bon *Apostolique*, qui mérite de fermer la nomencla-
ture de ces célébrités de la presse, par son ton benoîte-
ment furieux et sa sainte ardeur à demander pour les députés indépendans le supplice de la *Garotte*, seul moyen,
en effet, de les faire taire ! C'est que décidément ce brave
frère Jozon ne peut prononcer, sans écumer, les mots de
Charte et de libertés publiques, pas plus, il faut bien le
dire, que tout homme sensé ne peut lire *l'Apostolique*
sans invoquer pour son pieux rédacteur, non la prison (il
paraît que le remède est impuissant), mais une loge à
Charenton. Ainsi, je rétracte les sentimens de pitié que
m'a arrachés la position de M. de Polignac. Non, il n'est
point malheureux ; non, il n'est point à plaindre, le prince
romain. Oui, il a raison de garder le pouvoir : il a pour
lui ses employés, des nobles, des pairs, des députés, les
dévots, les jésuites et la cour ; il n'a contre lui que la
France !....

CHAPITRE 7.

*Petites manœuvres de M. de Polignac pour s'as-
surer la majorité dans les Chambres.*

Le ministère a pour lui le quart des voix, plus quelques-
unes, dans la chambre des députés ; ce fait, qui était clair
même avant la session, est avéré aujourd'hui : l'élection
des candidats pour la présidence le prouve arithmétique-
ment. Cependant, il faut en convenir, pour la justification
de M. de Polignac auprès de la *Camarilla*, si un pareil
résultat a eu lieu, ce n'est vraiment pas sa faute ; le président du conseil a fait pour l'empêcher tout ce qu'il était
humainement possible de faire ; comme Turenne, il n'a rien
laissé à la fortune de ce qu'il pouvait lui ôter par sa prudence.
A mesure que les députés, réputés *corrigibles*, arrivaient
à Paris, et ils y arrivaient par carrossées quelques jours
avant le 2 mars, ils étaient, avant même qu'ils eussent pu
se reconnaître, salués, entourés, enlevés..... bon gré mal
gré, des domestiques à livrées ministérielles se chargeaient
de leurs valises, et les conduisaient en équipage ; qui, chez
un chef de bureau ; qui, chez un chef de division ; qui,
chez un directeur-général ; qui, et c'étaient naturellement
les plus influens, chez leurs Excellences elles-mêmes. « On
» est si mal dans les auberges ! la table y est si commune !
» les lits si durs !... » Dès que les députés étaient ainsi

tenus en charte privée (et j'en sais un assez bon nombre, de conscience ferme du reste , mais dont le caractère doux ne leur avait pas permis de briser brusquement le réseau de ces politesses intéressées), ils étaient sans relâche tâtés, instrumentés, endoctrinés. On leur peignait des plus noires couleurs la tendance et les vœux secrets du libéralisme ; on leur jurait qu'on avait vu , dans une des rues de Paris, la révolution en carmagnole et bonnet rouge, bras dessus bras dessous avec le comité directeur, ayant sabre au côté, moustaches et catogan ; on les entretenait des vieilles gloires de la monarchie , de la sécurité sociale que peut seule procurer l'autorité légitime ; on leur insinuait que les faveurs royales, qui se retirent dans l'*occasion* , vont au contraire chercher et récompenser le *député fidèle* jusque dans les départemens les plus éloignés , comme jusque dans ses neveux, cousins, petits-cousins , amis et connaissances les plus indifférentes..... Ces ouvertures préliminaires ne réussissaient-elles pas ? les députés persistaient-ils à croire que la révolution et le comité directeur sont des contes de *la Gazette de France* , propres , tout au plus , à faire peur aux bonnes et aux enfans ; bref , entrevoyait-on dans leur main mal fermée la fatale boule noire ?.... alors on changeait de ton , on parlait à la Cottu, on s'efforçait d'intimider qui on n'avait pu convaincre. « Le Roi, Messieurs, » sachez-le bien , ne cédera pas ses droits à une chambre » factieuse ; il la dissoudra une première fois , une seconde, » fois, s'il le faut. — Puis enfin , que fera-t-il ?... — C'est alors que M. de Polignac, d'un geste demi-mystérieux , demi-menaçant , montrait au fond de sa toque ministérielle l'article 14 de la Charte. « Aux grands maux les grands re- » mèdes , disait son Excellence avec un soupir étouffé ,

» j'aurai fait mon devoir : le mal, s'il en résulte, retom-
» bera sur les députés félons qui n'auront pas rempli le
» leur. » Les députés n'ont rien répondu à l'apostrophe,
mais depuis ils ont voté.... le président du conseil a-t-il
senti leur réplique ?.....

Tous les soucis, toute la sollicitude de M. de Polignac
se portaient et devaient se porter d'abord sur la seconde
chambre ; car elle fut formée en haine du ministère déplorable, car c'est elle qui tient la bourse. Néanmoins la
chambre des pairs, quoique rendue *bonne* par la fameuse
fournée villélienne des soixante-seize, ne laissait pas que
d'inspirer quelques inquiétudes. Pouvait-on oublier que
cette même chambre, dont on espère, en 1830, du monar-
chisme pur, vota en 1828, et cela malgré les lamentables
homélies de MM. de St.-Roman, de Villefranche et autres
nobles pairs, les lois libérales, et on peut dire libératrices
de la presse et des élections ? Pouvait-on croire que, parce
que le ministère a changé de nom et de direction, elle
changerait en même temps de conduite et de principes ?
on le souhaitait, on l'espérait, on l'attendait peut-être :
le noble nom de M. de Polignac est en si haute réputation, en si bonne odeur dans la noble chambre, prin-
cipalement au banc des évêques ! Toutefois le ministre
favori a prudemment jugé dans sa sagesse, qu'un petit
renfort porté de ce côté ne pouvait que lui être très-
utile, et pan ! il a lancé d'un jet sept hommes monarchiques, sept ambitions arriérées sur les bancs de la première
chambre. Je puis dire ambitions arriérées, au moins par rapport à M. le baron de Vitrolle, fameux débris des premiers
voltigeurs de la restauration, qui, depuis seize ans, n'avait
pu s'ajuster encore à aucune dignité éminente ; à M. le

comte Beugnot, charmant homme de table et de salon, qui eut toujours, depuis 1814, avec le plaisir d'occuper nombre de places, le chagrin de voir fuir devant lui, nouveau Tantale, celle qu'il ambitionnait le plus. Pour ce qui est de M. le comte de Labourdonnaye dont le nom a figuré aussi dans cette petite promotion d'intimes, on est étonné, non pas, certes, de ce que M. de Polignac l'y a placé, mais de ce qu'il s'y est laissé mettre. On avait dit que son caractère rompait et ne pliait pas, et en acceptant le manteau de pair il a montré le contraire. L'inflexible montagnard de la droite a gâté là tout ce qu'avaient fait augurer de lui sa longue carrière parlementaire, et plus récemment sa sortie presque républicaine d'un ministère, où, comme César, il souffrait des égaux, mais où, comme ce fier Romain, il n'avait pu tolérer un maître.

CHAPITRE 8.

De Monsieur Mangin, de la nuée de solliciteurs

qui se trouvent à Paris.

M. Mangin est un des principaux satellites de la planète Polignac ; il en est en quelque façon une émanation. M. Mangin avait, à une époque funeste, outrageusement parlé de quelques députés qui chérissent la Charte ; il était dès lors tout natrurel qu'il devint l'élu d'un ministre qui est fortement soupçonné de ne pas l'aimer. Quand donc le favori, commissionné pour choisir ses auxiliaires, pria M. de Belleyme de rester à la préfecture de police, il n'était pas et ne pouvait être de bonne foi dans ses sollicitations. Evidemment, M. Debelleyme n'était pas l'homme d'un cabinet où figuraient MM. de Bourmont et de Labourdonnaye ; il fallait à ce cabinet à part un préfet de police à part, il lui fallait le magistrat qui avait dit ce mot où se réfléchit une âme toute entière : *Si j'étais compétent !..* Il lui fallait M. Mangin.

Cependant disons tout : M. Mangin n'est point incorrigible ; il a même du bon. Las sans doute de ne vivre que sur sa vieille renommée de passion et d'acrimonie, il s'est tout-à-coup mis en tête, durant le mois dernier, de se faire une réputation toute fraîche de mansuétude et de douceur. Vous, lecteurs, qui hochez la tête en signe d'incrédulité, écoutez le fait ; vous jugerez après.

La capitale était, l'an passé surtout, inondée de mendians ; elle en était hideuse. Le préfet de police du moment, le très-respectable Debelleyme résolut de la purger de cette lèpre au moyen de la fondation d'un dépôt de mendicité permanent. Dans ce but, il fit à la charité des Parisiens, un appel qui, fait par un tel homme et pour une telle cause, devait être entendu, et l'a été, on peut le dire, dans toute l'acception du terme. Aussi M. Debelleyme s'est bientôt trouvé le trésorier de plusieurs centaines de mille francs, et il lui a été facile d'accomplir l'exécution matérielle de son philantropique projet ; je dis matérielle parce que s'il avait pu trouver un local convenable, le distribuer commodément, le pourvoir d'ateliers de travail, il avait cessé d'être en son pouvoir, par le seul fait de sa sortie de la préfecture de police, de le peupler d'habitans. Le concours de son successeur lui était donc nécessaire. Mais M. Mangin qui pourtant, lors de son installation, avait solennellement promis de *continuer son prédécesseur*, crut devoir être d'un autre avis que lui, relativement à la maison en question. L'ancien procureur – général de Poitiers répondit aux pressantes sollicitations qui lui furent adressées par une foule d'hommes honorables, « que rien » ne l'autorisait à faire conduire des citoyens dans une » maison *particulière*, quelque amélioration de position » qu'ils dussent y trouver ; que la loi lui traçait claire- » ment son devoir vis-à-vis des mendians ; qu'il fallait » qu'ils fussent judiciairement condamnés pour être légi- » timement détenus, et qu'encore à peine de détention » arbitraire, on ne pouvait les retenir que dans un lieu » qualifié *prison*, et placé comme tel sous la surveillance » et l'action immédiates du gouvernement. » On eut beau répondre à M. Mangin, que la *maison de refuge* n'était, comme l'indique son nom, qu'une maison d'humanité et non de répression ; que contraindre les mendians à y entrer, c'était : 1° leur donner des habitudes d'ordre et de travail, seules propres à améliorer un jour leur sort ; 2° éviter aux passans et aux étrangers un spectable à-lafois dangereux, dégoûtant et pénible ; 3° prévenir une multitude de délits et même de crimes, dont la faim est trop souvent, hélas! la conseillère ; 4° enfin épargner au gouvernement des frais frustratoires, de procédure quand les mendians sont traduits devant les tribunaux, d'entretien pour un temps plus ou moins long quand ils sont condamnés à la prison, et de surveillance de police quand ils redeviennent libres. Toutes ces raisons et bien d'autres encore glissèrent sur M. Mangin, qui persista à soutenir

qu'il violerait ses devoirs s'il procédait envers les mendians d'une autre manière et dans d'autres formes que la
loi le lui indiquait. De son côté, le comité d'administration de la *maison de refuge* dressa un mémoire explicatif
des faits et du droit sur la matière, qu'il présenta à M. de
Montbel, supérieur immédiat de M. Mangin.

Le ministre de l'intérieur prise beaucoup l'ancien magistrat du parquet de la Cour de Poitiers, il sympathise
avec lui sous une foule de rapports, mais pourtant il n'a
pu s'empêcher de lui donner tort en cette occasion. Ainsi
voilà ce bon M. Mangin forcé, de par son supérieur, de
faire de l'arbitraire et presque de la tyrannie, lui qui
chérit tant l'ordre légal, lui qui, témoin la princesse
Abdulakan, respecte si religieusement la liberté indivi-
duelle ! Ainsi qu'un ouvrier soit sans travail, M. Mangin
est condamné à lui dire qu'il en trouvera dans la maison
Debelleyme ; qu'un malheureux n'ait rien mangé de tout
le jour, il est tenu de lui affirmer que la maison Debelleyme a du pain à son service ; qu'un mendiant soit nu
et sans asile, il est obligé de lui avouer que, s'il veut
être proprement vêtu et convenablement couché, il n'a
rien de mieux à faire que de se présenter à la maison
Debelleyme. Maudite maison ! Ah ! M. de Montbel, vous
êtes cause de tout cela, mais si vous ne rachetez pas ce
péché par le prompt rappel des jésuites, la congrégation
vous en garde une...

C'est qu'il faut bien que je donne la clef de tout ceci.
Sous cette simple question de mendicité, se cachait une
grave question d'opinion, car où l'opinion ne se fourre-
t-elle pas aujourd'hui ? Les libéraux désiraient et désirent
encore de toute leur âme, que cette maison de refuge

qu'ils ont imaginée, fondée et en grande partie dotée, réussisse et devienne à tout jamais une succursale contre la misère, en même-temps qu'un préservatif contre le vice et l'immoralité. Les gens monarchiques et religieux, au contraire, appellent sa chûte de tous leurs vœux. Ils voudraient voir, à certains jours de la semaine, les cours de leurs hôtels remplies d'une longue file de mendians refluant jusques dans les rues voisines. C'était ainsi en France dans le bon temps, c'est encore ainsi en Espagne et en Portugal. Et puis, comme cette cohue de supplians en guenilles chatouille l'orgueil et titille la vanité du maître! comme elle témoigne hautement et de sa fortune, et surtout de sa charité; car les apostoliques tiennent, par-dessus tout, à paraître charitables. Or donc, si la maison de refuge réussissait, que deviendrait la charité, puisqu'il n'y aurait plus de pauvres; et avec la charité, que deviendrait cette superbe jouissance qu'éprouve le riche, d'avoir à ses pieds des centaines de malheureux, à s'entendre qualifier par eux de sauveur, de providence, de Dieu sur terre?... Allons, allons, il faut des pauvres; leur misère fait valoir et complète le bonheur des riches; ils font ombre au tableau. Périsse donc la maison Debelleyme, et toutes les maisons de ce genre! il faut, il faut des pauvres! La congrégation l'a dit par la bouche de M. Mangin.

Puisque j'en suis aux mendians, je vais dire un mot des solliciteurs. La transition n'est pas forcée : mendians et solliciteurs, ce sont tous gens qui demandent avec lamentations et courbettes. Et quels sont ceux qui prodiguent le plus cette monnaie de l'abjection? j'ai presque envie de croire que ce ne sont pas les mendians. Quoi qu'il en soit, Paris fourmille dans ce moment de gens dévoués et bien pensans qui viennent, à la suite du ministère Polignac, se proposer pour être, chacun dans sa sphère, les colonnes de l'autel et du trône. Et vraiment, à aucune époque de la restauration, on ne vit autant de ces tailles furtives, de ces tournures dévotes, de ces figures confites, qui, à défaut de tout autre donnée, suffiraient seules pour caractériser une administration. Les hôtels, les anti-chambres, les églises en regorgent tour à tour. L'un prétend qu'il a été destitué par M. de Martignac, uniquement parce qu'il remplissait ses devoirs religieux ; celui-ci assure que ses anciens et brillans services dans la Vendée sont restés sans récompenses ; celui-là prouve, pièces en main, qu'il a concouru avec Trestaillon et Truphémy au triomphe de la cause royaliste en 1815 ; enfin, tous ces honnêtes solliciteurs s'appuient sur des titres ou anciens et récens, ou politiques ou religieux, et attendent avec impatience et presque avec menaces, leur part à la grande CURÉE. Ils me me font l'effet de ces bêtes carnassières qui suivent les armées à la piste, et qui, avant de les dévorer en détail, les épouvantent en masse de leurs sinistres hurlemens. C'est qu'il ne faut pas se le dissimuler, il y aura curée et grande curée d'emplois, si la chambre ne tient pas bon, si elle lâche le budget à M. de Polignac et aux siens. Les suspects, les douteux, les tièdes même seront remerciés. Quant aux élus du ministère-Martignac, on en fera une hécatombe générale. Bien plus, non content de purger le présent, on s'assurera l'avenir par un bon *credo* politique, à l'instar de ce que vient de faire en Belgique le doux M. Van Maanen. Ainsi, l'employé qui voudra garder sa place, devra en retour, nantir le gouvernement-Polignac d'un tout petit gage : sa conscience ;

sinon, non. Et ce qui prouve que je ne me fais point ici illusion sur les déplacemens dont je parle, sur la marche tout prochainement inquisitoriale du ministère, c'est, je ne dis pas pas la dest tution brutale de M. de Sesmaisons (ce trait-là est si odieux, si dégoûtant, que je n'ose le prendre pour exemple), mais le ton demi-impératif, demi-suppliant qu'on remarque depuis un mois environ dans certains numéros de la *Quotidienne* et du *Drapeau blanc*. On y dit, en termes explicites et clairs : « Que les royalistes atten-
» dent encore le prix de leur dévouement que leur a im-
» puté à crime la précédente administration ; qu'ils ont vu
» avec une vive joie l'avénement d'un ministère monarchi-
» que, d'abord dans l'intérêt du trône de Saint-Louis, et
» ensuite, parce qu'ils pouvaient raisonnablement espérer
» que leurs emplois, injustement donnés à d'autres, leur
» seraient bientôt rendus ; que s'ils ne se sont pas plaints
» immédiatement, c'était par une suite même de leurs
» sentimens monarchiques, craignant d'embarrasser les
» premières opérations d'une administration amie ; que, ce-
» pendant, attendu qu'eux royalistes souffrent, tandis que
» leurs remplaçans libéraux vivent dans l'abondance, il
» est temps, plus que temps, que cette criante interver-
» sion finisse, d'autant que sept mois de pouvoir roya-
» liste sont plus que suffisans pour que justice soit faite à
» chacun selon ses œuvres. » Telles sont, en somme, les doléances comminatoires de deux journaux qui écrivent sous le patronage connu de deux ministres, et qui, certes, ne parleraient pas ainsi, s'ils ne connaissaient bien les secrètes pensées de leurs protecteurs. La Gazette, elle-même, qui reconnaît plus particulièrement l'influence de M. de Polignac, et dont la pensée n'est jamais tout sure

le papier , tient implicitement le même langage . Elle avait crié d'abord, comme sur les toîts : PLUS DE CONCES-SIONS, POINT DE RÉACTIONS ! Or, elle ne tarit pas en développemens , en commentaires sur le premier de ces mots, et depuis long-temps elle ne dit plus rien de ce dernier....

CHAPITRE 9.

Un dialogue à la Représentation d'adieu de Mademoiselle Sontag. — Du Roi.

Quelle température cruelle et prolongée que celle de l'hiver de 1826, qu'on caractériserait peut-être convenablement en le surnommant l'*hiver-Polignac !* Dans notre France, ordinairement si tempérée, le thermomètre est descendu par deux fois à 15 degrés. C'est qu'il n'y a point eu de pays privilégié ; nulle part, pas même aux îles d'Hyères, pas même à Naples, les frileux du règne animal, à deux ou à quatre pieds, avec ou sans plumes, n'ont trouvé un abri contre le vent pénétrant et glacé du nord. Mais ce ne sont pas les riches que je plaignais ; ils ont pu proportionner leur consommation de bois aux indications du thermomètre : mais ceux sur qui j'ai gémi, ce sont les pauvres vieux et infirmes , les ouvriers sans ouvrage et sans possibilité d'en trouver, et les familles honteuses de demander et qui ne pouvaient pourtant subsister sans recevoir. Cependant, je le dis avec un bien vif sentiment de plaisir, tous ces malheureux ont été en général et partout consolés, soulagés, assistés : la nature les traita en marâtre et l'humanité s'est empressée autant que possible de réparer les torts de la nature. Au nom des pauvres, respect et remerciemens aux âmes bienfaisantes !...

Parmi ces âmes bienfaisantes figurait mademoiselle Sontag, qui a laissé tant de regrets aux Parisiens. *Belle* et *bonne*, voilà les deux mots par lesquels on la désignerait, si on ne se sentait pas le besoin d'ajouter l'épithète d'admirable. J'assistais à sa représentation d'adieu ; je n'avais pas eu assez de mes yeux pour voir les spectateurs et de mes oreilles pour entendre l'actrice. Lorsque, la toile s'étant baissée, je pus me délasser de mon admiration en écoutant le dialogue suivant, qui eut lieu non loin de moi, entre un banquier connu et un marquis qui ne l'est guère moins......

Le Marquis. Je sais bien que beaucoup de personnes ne sont pas de mon avis ; mais cela ne m'empêche pas de dire et de répéter que le Roi a eu grande raison de créer un ministère royaliste.

Le Banquier. Ce ministère a-t-il la majorité parlementaire ?

Le Marquis. Quelle belle vie que celle du président du conseil ! comme elle est chevaleresque et grandiose !...

Le Banquier. J'en conviens, si cela peut vous faire plaisir, monsieur le Marquis ; mais la majorité ?...

Le Marquis. M. de Polignac a le cœur d'un Bayard et la tête d'un Sully.

Le Banquier. Il vaudrait encore mieux qu'il eût la majorité. L'a-t-il ?

Le Marquis. Que de biens, que de gloire vont résulter de sa présence au pouvoir ! Diminution des patentes, réparation des routes, modification des droits-réunis , allégement du budget, canalisation de la Seine, droit d'entrepôt pour Paris, bassin immense dans la plaine de Grenelle, réparation de l'outrage d'Alger, colonisation d'une partie de l'Afrique : que de bien ! que de prospérités ! que de gloire ! Français abusés, ingrats Parisiens, comprenez donc enfin tout ce que vaut M. de Polignac.

Le Banquier. Mais encore un coup, monsieur le marquis, votre ministre de prédilection peut-il compter sur la majorité ? C'est que nous ne sommes plus au temps où la volonté du monarque suffisait pour maintenir le ministre que lui avait indiqué et quelquefois imposé sa maîtresse. point de majorité parlementaire, point de ministère possible aujourd'hui.

Le Marquis. Et peste soit de votre majorité, monsieur le Banquier ! vous n'avez que ce mot-là à la bouche, et quand vous l'avez lâché, vous croyez avoir tout dit. Lorsque le Roi a choisi des ministres et que la majorité n'existe pas pour eux, bon gré mal gré elle doit se faire ; au surplus, je sais de très-bonne part M. de Polignac a dans le temps prouvé au Roi qu'il avait la majorité. Depuis, l'entêtement de la *défection* a pu ruiner ses calculs ; mais la défection ne saurait changer les intentions du prince : il faut donc que la majorité se trouve dans les chambres..... si l'on ne veut pas que le Roi la cherche en lui-même...

Le Banquier. Oh ! ceci est autre chose ; n'en disons rien : çà brûle, monsieur le marquis. Quant à la majorité, que, selon vous M. de Polignac avait au moment de sa nomination, elle n'existait pas plus qu'à présent, où elle est si évidemment contre lui. S'il a été appelé au timon des affaires, c'est qu'il a surpris la religion du prince qui l'affectionnait trop pour douter de sa véracité. Les erreurs de l'esprit prennent souvent leur source dans les sentimens du cœur. Du reste, la comédie touche à sa fin. Vous vous rappelez cet audacieux voleur qui, grâce aux ombres de la nuit et à quelques pièces qu'il affubla de chapeaux, arrêta seul une diligence remplie de huit personnes? eh bien! voilà l'histoire de l'élévation de M. de Polignac. Il dressa des listes de ses rares partisans, les enfla à la sourdine de noms d'hommes qui n'étaient-rien moins que cela, et le monarque dans sa royale candeur, prit le tout pour argent comptant. C'est un guet-à-pens, c'est une surprise de nuit; mais le jour va luire enfin, et Charles X, désabusé, pourra compter les mannequins que son favori a affublés de l'habit ministériel. Alors indigné, il lui retirera sa confiance, et le char de l'État, arrêté pendant sept mois par un complot de congréganistes, reprendra, comme devant, sa marche noblement paisible et majestueuse.

Comme le banquier achevait ces derniers mots, la toile se leva et je n'eus plus derechef des yeux et des oreilles que pour l'héroïne de la soirée, qui parut sous le costume et le casque de *Tancrède*.

Enfin je sortis du spectable les yeux fatigués, l'esprit préoccupé, mais qu'arriva-t-il? au bout de quelques jours, tout ce que m'avait offert d'éblouissant et de féerien cette magnifique représentation en cordons, dorures, diamans et toilettes, ne formait plus dans ma mémoire qu'un souvenir vague et confus, tandis que la conversation que je viens de rapporter y était restée tout entière et ne s'en est pas effacée comme on voit. Cet entretien avait roulé sur le prince dans ses rapports avec les mandataires du pays; pouvait-il dès lors ne pas remuer dans mon cœur une fibre qui palpite aussi sans doute en ceux qui lisent ce petit écrit?... ici, et puisqu'il vient d'être parlé du prince, je pourrais

peut-être deviser comme tant d'autres sur la nature de ses
droits , l'étendue et la limite de son pouvoir constitution-
nel , etc. , etc. ; mais que pourrais-je dire à cet égard que
les feuilles indépendantes n'aient dit et ne répètent chaque
jours mille fois mieux que je ne saurais le faire ? Je préfère
donc trancrire un extrait d'une des LETTRES CONTEMPORAI-
NES manuscrit trouvé par moi à Lyon et dont j'annonce en
tête de cette opuscule même la prochaine pnblication. La
lettre en question, est datée de 1828 et on la dirait faite
d'hier , tant est vrai cet axiôme historique *que le passé
est la leçon du présent.* Pourquoi faut-il que cette leçon
soit en général si peu mise à profit ?....

« C'est , madame , durant ce déplorable état de choses
(les excès du ministère de Villèle) , que Louis XVIII qui
depuis neuf à dix mois était comme endormi dans ses dou-
leurs physiques , s'endormit dans l'éternité. Ah ! si ce prince
eût, avant d'expirer, un éclair de son ancienne et énergique
raison , combien il dut regretter de mourir alors que la
France était esclave , lui qui le premier de sa famille avait
porté la cocarde tricolore , lui qni à son retour sur le sol
de la patrie, y avait planté l'arbre si précieux et si rare
de la vraie liberté ?....

» Quoiqu'il en soit , le Roi législateur eut à peine fermé
les yeux, que les courtisans, ministres et députés qui san-
glotaient en foule à son chevet , se precipitèrent sur les
pas de son frère et de l'air de la plus vive joie le saluèrent
Roi du nom de Charles X. le trajet du palais du prince
défunt aux appartemens du nouveau monarque , leur avait
suffi pou sécher leurs larmes et rasseperer leurs figures. Et
puis, ils avaient tous fait , il est vrai, une perte bien grande
dans la personne d'un maître , automate à force de fouf-

franee, mais n'espéraient-ils pas la récupérer en obéissant à un Roi qu'ils croyaient devoir être sans intelligence à force de piété!.... Mais ces coupables espérances des représensentans du jésuistisme ne tardèrent pas à être deçues : Charles X en s'asseyant sur le trône de son frère, abolit l'ignoble censure. C'était noblement venger la mémoire de l'auteur de la Charte ; c'était aussi prouver à la congrégation que ce Roi, soi-disant sans intelligence, saurait au moins en temps et lieu montrer du caractère.

» Vous vous souvenez, madame, avec quelle ivresse la France accueillit ce premier bienfait de son Roi ; vous n'avez pas oublié quelle douce émotion la patrie éprouva lorsqu'elle fut témoin de la haute bonne foi et de la royale probité qui présidèrent au mémorable serment de Rheims. entouré comme l'était Charles X, en ancienne noblesse, en haut clergé, en ministres à portefeuilles, on pouvait ne pas s'attendre à un serment si franc, si explicite, si clair ; on pouvait craindre un serment *à côté* de l'Évangile, une promesse *à la Don Miguel*... mais a chevaleresque loyauté d'un Bourbon français, d'un descendant de Henri IV, prévalut sur toutes les suggestions, sur toutes les intrigues, sur toutes les espérances de la contre-révolution, en camail ou en habits brodés ; Charles X jura de respecter le plus bel ouvrage de son frère, et la Charte resta la bousssole politique des droits du trône, en même temps que l'indestructible boulevart des libertés du pays.

» Ah ! si le noble et magnanime serment de Rheims eût été accompagné d'un changement complet de ministère ou seulement de la disgrace de quelques courtisans connus, c'en était fait dès cette époque de l'obscurantisme. La parti retrograde était détruit, ou du moins il eût été réduit au triste rôle qui lui reste anjourd'hui (*celtte lettre est écrite au moment du voyage d'Alsace*), celui de com-plotter dans l'ombre et qui pis est, de voir mépriser son audace en faveur de sa faiblesse, mais malheureusement il n'en fut point ainsi. L'œil de bœuf fut, comme par le passé le rendez-vous des vieux voltigeurs de la monarchie absolue, et le dépôt sacré de la Charte centinua à être confié aux mains infidèles qui l'avaient vingt fois froissée, conspuée et violée, en attendant mieux. Le triumvirat mi.nisteriel qui déjà avait doté la France des lois du sacri-lège et de la septennalité, devait avoir le déplorable privi-lège de lui pcésenter là loi de *justice et d'amour*, celle du *droit d'aînesse*, et par surcroît, de lui infliger une foule d'ordonnances *tout-à-fait* dignes de servir d'escorte à ces ces chef-d'œuvres législatifs.

« Mais la faction sentit, je dois le dire, que pour par-venir à ce grand, à cet tmmense résultat, elle avait besoin d'employer tous ses moyens, de démasquer toutes ses bat-ries, de mettre en campagne tous ses adeptes. On n'avait pu fausser la loyauté du monarque, on ne devait rien épar-gner pour battre en brèche sa crédulité. Ainsi fit-on avec une adresse, avec une perfidie, avec une tenacité qui se-raient incroyables, si l'histoire n'en témoignait haute-ment. Délits supposés ou provoqués, écrits inventés ou dé-naturés, outrages calculés, insinuations perfides, diffa-mations effrontées, calomnies à dire d'experts, le parti jésuitico-nobiliaire mit tout en usage pour parvenir à cette importante, à cette décisive fin. On peignit au prince la jeunesse débordée, la religion avilie, ses ministres *assas-sinés*, l'ordre public méconnu, la révolution récommen-cée, etc. On lui dit que la vraie France redoutait la liberté, tant elle avait peur de la licence ; que la composition de la chambre de 1824 en était une preuve sans réplique, que les journaux libéraux qui se disaient les organes de l'opinion, n'étaient que les trompettes des mécontens et de toutes les époques ; que Louis XVIII lui-même, qui, dès le principe, avait fait don au pays de la liberté de la presse, n'avait en d'autre ressource *pour fermer l'abîme des révolutions* que de lui retirer un présent devenu funeste à l'ordre et au repos publics ; bref, on rabattit les oreilles du prince de toutes ces impostures de coterie, de toutes ces déclamations de mandement, tant et tant, tant et tant, que........ (*Ici le manuscrit est illisible.*)

« Mais, me direz-vous peut-être, le monarque qui, en ceignant la couronne, avait aboli la censure, et qui, un peu plus tard, prêta le noble et royal serment de Reims, avait certainement d'excellentes, de magnanimes intentions. Ces deux actes seuls, à défaut de tout autre, prouveraient que Charles X avait compris et son siècle et son peuple. Comment, dès-lors...... — Comment !..... Que servent, dites-moi, à un prince, les bonnes intentions, et même les meilleures résolutions, quand il est entouré de nobles qui ne pensent pas comme lui, et qui emploient journellement tous les artifices du langage des cours pour l'amener à penser comme eux ; quand il a commis sa conscience à une direction spirituelle qui, avec une respectueuse et sainte adresse, ne cesse de lui faire de son inclination à être de son temps, un motif de damnation éternelle, quand surtout il a des ministres qui lui font de faux rapports, enveniment et exagèrent les moindres événemens, en suscitent ou en inventent même au besoin et lui peignent à l'envi son royaume, jadis incandescent, il est vrai, mais depuis des années si dévoué, si tranquille, comme un foyer toujours brûlant de troubles et de révolutions.

« Et ne me dites pas qu'un monarque ayant au moins, autant que tout autre homme, des opinions, du jugement et une volonté, doit s'appercevoir bientôt qu'on lui fait faire fausse route, et par suite doit avoir assez d'énergie pour briser avec indignation les liens de l'étroite, quoique respectueuse, tutelle où on le tient : oui, j'en conviens, ce monarque agit instantanément ainsi, ou quand il monte jeune sur le trône, ou quand il a conquis sa couronne l'épée à la main, ou quand il a été élevé sans distinction et sans molesse au milieu de ses sujets, quand en un mot, il est de l'étoffe d'un Louis XIV, ou d'un Henri IV; mais lorsque ce même monarque n'arrive au trône que dans un âge avancé, qu'après avoir désespéré presque toute sa vie d'y atteindre, lorsqu'il se retrouve dans le palais de ses pères avec de vieux serviteurs, avec d'anciens amis d'adversité, qui s'obstinent à croire que les faveurs qu'il leur accorde (par reconnaissance), sont des actes tacites de regrets pour ces beaux jours de l'OEil-de-Bœuf qu'ils regrettent si fort eux-mêmes ; lorsqu'enfin ce monarque balotté par trente ans d'incroyables vicissitudes, a rapporté au port les habitudes religieuses qu'il avait contractées durant la tempête, sa conduite, sans cesser d'être loyale et généreuse, est toute autre. Environné de sa cour qui lui vante le passé, de ses ministres qui le trompent sur le présent, de son clergé qui l'effraye sur l'avenir, il ne voit et ne peut voir à travers cette triple muraille de menteurs, plus loin que son palais. Bien plus, dans sa crédule et facile bonté, il juge que son peuple est heureux, parce que tout ce qui l'entoure est content. La vérité, pour arriver jusqu'à lui, doit éclater comme un coup de tonnerre.... »

CHAPITRE 10 ET DERNIER.

De M. de Polignac personnellement. — Projets des ministres. — Conclusion.

Ce coup de tonnerre, puisque suivant le correspondant il faut cela pour éclairer le trône, se fit entendre avec fracas dans les derniers mois de 1827, et le piédestal sur lequel était monté depuis sept ans M. de Villèle, fut brisé en mille pièces. Le ministre gascon poussé par le bon génie de la France à la dissolution de sa chambre *vénale*, ne s'attendait certainement pas à ce résultat : il aimait trop son porte-feuille pour le compromettre à la légère. Il croyait au contraire, par le renvoi qu'il supposait devoir lui être fait de ses chers *Trois-Cents*, prouver une fois pour toutes au Roi, que son système politique qu'on attaquait de tous côtés, était parfait, et que l'envie seule lui suscitait des ennemis. Alors en face d'un nouvel avenir ministériel de sept ans, il aurait pu sinon *mourir*, au moins s'endormir dans son fauteuil, si toutefois son impérieux besoin de tourmenter la France ne l'eût tenu éveillé. C'était là un beau rêve j'en conviens, et je dirai plus ; M. de Villèle pouvait jusqu'à un certain point se le permettre. Il savait si bien *dorer* tout ce qu'il disait, l'ancien ministre des finances ; il avait tant d'expérience des hommes et des affaires ! il avait déjà surmonté tant d'obstacles!...... des obstacles de Cour, oui. Mais vaincre la volonté d'une nation ; lui imposer des allures qui lui répugnent, des opinions qui ne sont pas les siennes ! c'est autre chose. Aussi malgré des efforts inouïs de la part de chacun des ministres, malgré l'aveugle dévouement de tous leurs subordonnés grands et petits, malgré les ruses et les chicanes de la plupart des présidens de collége, malgré les faux journaux et des centaines de milliers de brochures sans nom d'auteur ni d'imprimeur, malgré enfin l'horrible et sanglant concours de la police Franchet, une Chambre nationale sortit des urnes électorales de la France. Charles X connut cette fois la vérité, et M. de Villèle apprit à sa confusion et à ses dépens, que des élections générales, ne se mènent pas comme une intrigue de palais, et que, s'il est facile de tromper un souverain, il n'est pas aisé d'en imposer à un grand peuple.

Cette histoire de la fin ministérielle de M. de Villèle ne donnerait-elle pas à penser à M. de Polignac ? Croirait-il vaincre, là où l'ex-maire de Toulouse a succombé ? Comme lui, et mieux que lui peut-être, il sait ourdir et déjouer une intrigue de Cour, je le veux; mais plus que lui a-t-il de la finesse dans les vues, de la présence d'esprit dans le momens difficiles, de l'aplomb à la tribune, et des connaissances administratives dans l'acception générale du mot ? Où M. de Polignac a-t-il fait son apprentissage d'homme d'état ? où a-t-il acquis les talens nécessaires au premier ministre d'une grande nation ? Est-ce dans les courses de l'émigration ? est-ce dans les trames du complot de la rue Saint-Nicaise? est-ce dans le silence des prisons de l'empire ? Serait-ce par hasard dans ses entretiens comme ambassadeur avec son bon ami Wellington ?.....

Oui, c'est peut-être bien là ; son adhésion au choix du nouveau souverain de la Grèce tendrait du moins à le prouver.

M. de Polignac passe pour avoir un très-beau caractère, pour être un fort galant homme, et de plus un homme d'esprit : je me range de tout mon cœur à cet avis ? On dit qu'il aime la gloire de son pays comme la sienne propre, et qu'il n'est point de français plus patriote que lui : je crois encore ceci. On ajoute qu'il chérit le roi d'une affection toute particulière, toute filiale, et que s'il fallait son sang pour prolonger les jours de S. M. il le répandrait aussitôt jusqu'à la dernière goutte : je ne suis pas plus incrédule sur cette assertion que sur les deux autres. Cependant examinons-les toutes un instant.

M. de Polignac est un fort honnête homme, point dépourvu d'esprit et de jugement ; c'est convenu. Il sait donc discerner ce qui est bien d'avec ce qui est mal, et conséquemment il ne doit manquer jamais de faire l'un et de fuir l'autre. Et cependant comment est-il advenu qu'il ait aspiré, lui qui n'a que des idées du 17ᵉ siècle, à diriger les affaires d'un pays qui est, et ne saurait être que du 19ᵉ ? Son ambition dans cette occasion, n'était-elle pas un mal, et un mal sans compensation aucune ? Ne prévoyait-il pas que son seul nom ressusciterait de vieilles haines de parti, de justes et d'anciennes alarmes ? Qu'il briguât, qu'il gardât même son ambassade de Londres, passe encore ; c'est une place en sous-ordre quoique brillante, qui ne donne l'iniative sur rien ; c'est un joyau qu'on attache assez ordinairement à un nom historique. Mais que le Président du Conseil se soit assis sur la chaise currule, malgré les clameurs de la France entière ; qu'il ait pris en main les destinées d'un peuple qui est et veut être régi par une loi politique, pour laquelle sa secrète répugnance est connue ; qu'il se soit associé, de propos délibéré, des hommes pour la plupart plus impopulaires encore que lui-même ; c'est ce qui ne se conçoit qu'en disant, que M. de Polignac a sciemment sacrifié son discernement à son ambition , et que s'il a de la probité civile, il n'a pas l'ombre de probité politique.

En second lieu, j'ai convenu que le chef du Conseil aime son pays, et vraiment, je sens aux battemens de mon cœur qu'il n'est pas le seul à avoir ce goût là. Mais parce qu'il aime la France , est-ce une raison pour qu'il soit aimé d'elle ? je ne le crois pas. Une jolie femme serait bien malheureuse , si elle était obligée d'adorer tous les fats qui se jettent à sa tête. Que M. de Polignac, mieux avisé enfin, rentre dans la vie privée, qu'il soit maître des cérémonies, ou chambellan, ou qu'il redevienne, quoiqu'il soit possible de trouver mieux que lui pour cette fonction, ambassadeur en Angleterre, oh ! la France le prisera, l'estimera, lui rendra même amour pour amour , je le lui garantis ; mais ce que je puis lui garantir aussi , c'est qu'elle ne pourra pas le souffrir, c'est qu'elle le détestera tant qu'il tiendra à entêtement, ou à orgueil, de diriger malgré elle ses affaires. Il y a incompatibilité, il y a antipathie entre eux, comme entre une jeune femme et un vieil époux. Que si M. de Polignac, qui a de vieux principes, d'anciens préjugés, une vieille manière de voir, compte à l'aide du temps et de *certains autres moyens* , inoculer tout cela à la France, comme font les Jésuites à leurs élèves, il se trompe grossièrement. La France fière de ses jeunes penchans, de ses nouvelles mœurs, de ses institutions récentes, saura être et se conserver ce qu'elle est.

Les rivières ne remontent pas à leur source , à moins d'un miracle , et M. de Polignac , soit dit sans l'offenser , n'est pas un homme à miracles.

Enfin , j'ai été d'accord , parce que je le crois , que le ministre favori affectionnait sincèrement le monarque , et il serait vraiment bien ingrat s'il n'en était pas ainsi. Mais ce ministre ne se tromperait-il point , comme il le fait à l'égard de la France , sur la nature du dévouement dont il croit devoir donner des preuves à son prince ? M. de Polignac suppose que c'est lui montrer un très-grand attache-ment que de rester au ministère malgré toutes clameurs de *haro*. Eh bien ! moi je pense que la plus grande , et surtout la plus sensée preuve d'amour que cet homme de cour pût donner à son maître, ce serait de se retirer. Je lui ai accordé tout à l'heure du jugement ; or, ne voit-il pas tout le malaise , disons mieux , tout *le* mal qu'à produit son avènement au pouvoir ? ne s'aperçoit-il pas que , si le *lien d'amour n'est pas rompu* , il est au moins évidemment relâché ? Une pierre précieuse, entourée de strass , a-t-elle autant de valeur que lorsqu'elle est enrichie de brillans ? Et pour mieux se rendre compte des choses, que M. de Polignac compare la situation politique et morale actuelle de la France à cette même situation avant le 8 août , qu'il descende en son âme d'honnête homme et qu'il juge ; je m'en rapporte à lui. Avant le 8 août il y avait dans tous les cœurs oubli du passé, satisfaction du présent, confiance dans l'avenir, tandis qu'aujourd'hui... Mais, ici, je fais une concession . que le président du conseil eût tenu à garder le pouvoir jusqu'à la convocation des chambres ; qu'il eût voulu s'assurer *authentiquement* que la majorité, ce qu'on lui répétait chaque jour, ne marcherait pas avec lui , à la bonne heure encore; il avait pour but de sauver son amour-propre de grand seigneur, et tomber devant l'opinion publique, autrement dit le *journalisme*, c'eût été par trop le comprometttre en effet..... Mais résister aux premières et significatives manifestations de la chambre, qui est la cheville ouvrière du gouvernement, puisqu'elle tient les clefs du trésor; mais faire nargue de ses boules noires et aller toujours en avant; mais l'avoir mise et persister à la tenir, sans autre motif que sa dissidence d'opinion avec lui, en une sorte d'état de suspicion auprès d'un prince dont le cœur naturellement aimant a en horrenr la défiance et le soupçon, c'est ce qui trompait toute prévision, c'est ce qui passait toute croyance, et c'est pourtant ce qui est arrivé. Ah! si on persistez à dire que M. de Polignac aime le Roi, qu'on me permette au moins de soutenir que c'est en égoïste.

Le président du conseil et les siens se sont, je le sais, défendu contre les attaques des journaux, avec un argument qui a quelque chose de spécieux. Ils ont dit et crié à tue-tête : « Vous nous condamnez, vous prétendez que nous » sommes funestes à la chose publique, et nous n'avons » encore rien fait ! quelle déraison ! quelle injustice ! At-» tendez que nons nous soyons manifestés par des actes » et vous nous jugerez après : mais encore une fois at-» tendez !... »

Les ministres ont fait peu de chose, il est vrai; car je ne compte pas certaines mesures de détails qui n'en sentent pas moins leur 8 août d'une lieue; mais en revanche, ils ont écrit, ils ont imprimé ce qu'ils souhaitaient accomplir; ils ont bien voulu nous faire part et de leurs théories et de leurs projets. Or, qu'ont-ils écrit? des commentaires sans fin sur l'article 14 de la Charte ; des dissertations à perte de vue sur le pouvoir primitif et constituant ; des raisonnemens vides de sens sur l'opportunité des coups d'état ; bref, ils nous ont montré, sortant par un bout de la poche du Roi, le fameux écriteau de Cromwell : *Maison à louer*. Et leurs projets, quels sont-ils ? Les routes et les canaux, la réduction du cinq pour cent, l'homologation des pensions-Bourmont, l'allocation des fonds nécessaires à la guerre d'Alger, et surtout le bon, le gros, l'excellent budget : voilà les principales lois que rapporteront de Paris les mandataires d'un pays qui ne les avait élus en 1827, que pour y faire emplettes de libertés.... Et les ministres voudraient que les journaux ne dissent rien, que l'opinion se tût ! ils voudraient que la France fût, comme stipulent les notaires, là *présente, acceptante et reconnaissante !* Quelle folie ! quel aveuglement ! quelle absurdité ! La France n'est pas tout à-fait un mouton ; ce n'est qu'à certaines conditions qu'elle veut se laisser tondre.

Mais il y a plus ; le ministère n'aurait absolument rien fait, nous ne serions pas dans la confidence de ses opinions et de ses desseins, il ne sympathiserait pas avec ceux de M. Madrolle, qu'une pudeur toute de circonstance a fait timidement désavouer d'abord et poursuivre ensuite, qu'encore nous aurions toute raison de ne point vouloir de lui et de le repousser. N'était-il pas escorté de précédens politiques ce ministère ? n'avait-il pas individuellemeut vécu avant d'ar.iver collectivement au pouvoir ? Or, nous, amis de la Charte et des lois, pouvions-nous rester tranquilles en l'en voyant prendre possession ? Quand on voit eutrer un homme suspect dans sa maison avec une torche. n'est-il pas naturel de l'arrêter, de lui crier : qui va-là !..

mais ici je ferai une toute petite question aux ministres : leur réponse éclaircira ma pensée. Lorsque leurs excellences ont besoin d'un homme de confiance, d'un intendant, par exemple, ne prenuent-elles pas des informatious préalables sur son compte ? que le candidat soit un honnête homme, d'une vie connue pour irréprochable, il est le bien venu, son admission ne souffre point de difficulté; leurs excellences ne me diront pasnon. Mais si, au contraire, l'aspiranf passe pour un garnement, pour homme à mauvais penchans, s'il a même eu eu déjà quelques démêlés avec la justice, leurs excellences confieront-elles à un pareil sujet l'administration de leur maison et de leur fortune?..... Je doute fort cette fois qu'elles me disent qu'oui.

Je me résume : les circonstances sont graves, plus graves que jamais. Un souverain qui se laisse tromper une fois, n'est pas facile à abuser une seconde ; mais lorsque pourtant on est parvenu à le faire, ses yeux sont beaucoup plus difficiles à dessiller, surtout quand l'erreur de son esprit provient de la bonté de son cœur. Cependant teut n'est pas perdu, il s'en faut : DIEU PROTÉGE LA FRANCE ! Si l'orgueil entraîne M. de Polignac a persister dans ses voies, c'est-à-dire à ne pas se retirer ; le sentiment du devoir portera la chambre à persister dans les siennes, c'est-à-dire à refuser le Budget. Elle sera prérogée, dit-on; eh! qu'importe? quelques mois de repos forcé changeront-ils son opinion ? M. de Polignac osera-t-il plus ? fera-t-il la folie de la dissoudre ! Ah! tant mieux ! ce jour-là même sera celui du salut. Le coup de tonnerre qui a renversé M. de Villèle se fera entendre, et la dernière heure de la faveur politique du nouvel Aman aura sonné.